DANS LE VENTRE DE LA MÉDITERRANÉE

Nouvelles

Jilla Mah'lengbe Majik

DANS LE VENTRE DE LA MÉDITERRANÉE

Nouvelles

Éditions de l'Érablière

Dépôt légal : 2016
Bibliothèque et Archives nationales du Québec
Bibliothèque et Archives Canada
© Éditions de l'Érablière
C.P. 8886, succ. Centre-ville
Québec, Canada (H3C 3P8)
ISBN 9782981497796

Remerciements

« *Jilla, toi aussi tu peux écrire* », une parole apparemment simple mais dont le souffle fit flamber l'étincelle littéraire qui me titillait manifestement dès mon adolescence. L'auteur de cette parole à caractère prémonitoire dite il y a de cela plus ou moins dix ans, après une animation littéraire, à la bibliothèque de Wallonie-Bruxelles de Kinshasa, c'est l'écrivain André YOKA Lye, préfacier du présent recueil. Toute ma reconnaissance.

Mes sincères remerciements à l'Ambassade de France et Madame Odile Zeller pour avoir publié ma première nouvelle en 2008, Mrs. Zackarie Ngwakombe, Pascal Kacky, Fulgence Kabeya et Dr. Magloire Mpembi pour leurs conseils ainsi qu'à mon ami André Bona Kabamba pour son soutien inestimable.

A ceux qui m'ont entouré de chaleur et encouragé pendant que j'écrivais ces nouvelles, notamment ma femme, Yolande-Lilas Masika Kakule, Michée Kere Kere, Oscar Tshienda Muanabute, mon frère aîné, Péguy Tshienda, son Eminence Claude Bakenge Kadima Luse, représentant légal de l'EES, je dis sincèrement merci.

Enfin, à l'asbl « Nous et le Livre » pour la promotion de la lecture et à mes deux auxiliaires, Win Kakule Jilla et Dieumerci Jilla Masika qui m'apportaient le dictionnaire, chaque fois que je l'oubliais bien qu'ils s'en servaient à titre ludique.

Jilla Mah'lengbe Majik

PRÉFACE

C'est un coup d'essai que ce recueil de nouvelles de Jilla, mais c'est un coup qui promet. Sept nouvelles d'inspiration diverse, puisée aux sources à la fois des péripéties quotidiennes, du mélodramatique de la scène « politicienne » ou du tragique des guerres immondes. L'auteur, Jilla Majik, journaliste de son état, semble avoir renoué avec sa formation de base, celle d'animateur culturel puisqu'il est diplômé de l'Institut National des Arts.

Jilla appartient au demeurant à la génération sacrifiée de l'après-indépendance, celle des illusions de ses pères et grands-pères héritiers crédules des colonisateurs belges, et qui a traversé la vie entre bruits de canons et fausses dévotions à grand tapage.

Que ce soit avec « Dans le ventre de la méditerranée », reconstitution dramatique, à travers le récit d'un rescapé, des naufrages de migrants ; que ce soit avec « Kin Babel », tribulations d'un journaliste traqué par la police politique, réfugié dans son village puis revenu à Kinshasa pour se fourvoyer dans les méandres de l'irrationnel, que ce soit le récit fantastique sous forme de conte « Une nuit d'horreur » qui met à l'épreuve des jeunes écoliers étourdis face à la menace d'un monstre, que ce soit « Nzuzi » qui relate les tracasseries et les violences subies par les Kinois expulsés brutalement de Brazzaville, les sept nouvelles retenues font télescoper passé et présent, chronique et récit fantasmagorique, dans un style tour à tour aigre-doux et satirique, qui ne ménage aucun détail ni aucun pouvoir en place, civil, moral ou politique.

L'on sent, en fin de compte, au détour des élans littéraires, les influences persistances du journaliste, c'est-à-dire de l'historien et du chroniqueur.

Comme je l'ai dit au départ, l'écriture de Jilla promet : elle a l'inspiration et l'observation attentives ; elle a les prémices et les ambitions de la littéralité. Resterait peut-être à trouver la voie d'une vraie originalité, celle qui s'ancre sur les langages endogènes et les épanouisse dans une universalité, une fécondité, une inventivité vraiment innovatrices.

Pr. YOKA Lye

Directeur Général de l'Institut National des Arts de Kinshasa (INA)

Côté cour côté jardin

Pris d'assaut par une foule d'étudiants très agités qui s'agglutinaient devant les valves, le hall de la faculté était presqu'inaccessible.

Chacun tenait savoir les résultats de la première session des examens impatiemment et longuement trop attendus de tous. Bien qu'accablante, la chaleur n'était pas si brûlante parce que subissant la tempérance de vent frais des monts et vallons environnants.

L'heure de la sentence n'avait pas encore sonné pour les amis d'autres facultés. Les voilà qui se baladaient mais, le cœur battait la chamade car la suite ne tardait pas à venir.

Pendant ce temps, ceux des facultés affichées avaient les tripes retournées, Déjà, quelques uns descendaient les marches en se frayant doucement le passage à coup d'épaules.

Parmi-eux, certains, ayant apparemment obtenus la mention « satisfaction », arboraient un malin sourire, d'autres par contre, avaient un visage crispé, facile à deviner.

Soit, ils devaient reprendre totalement tous les examens, ou ils en avaient quelques uns seulement à reprendre, des ajournés partiels selon le langage. Une autre catégorie est celle de ceux qui manquaient des cotes à quelques cours.

Mais pire, c'était le cas lamentable des refusés ou renvoyés d'office de l'université en d'autres termes.

Telle était la dure réalité académique à laquelle l'on faisait face après l'évaluation de la première session.

Il était 13 h 35 sur le cadran de mon téléphone portable.

Quant à mon sort, Patricia Mbunzu, ma collègue de promotion qui se faufilait comme une anguille dans la foule, m'apportera tous les résultats jusqu'aux moindres détails.

En attendant, je pris place sur un bloc de béton sous l'ombre des acacias en face de la fac, parmi d'autres camarades étudiants de différentes facultés.

En effet, l'affichage des cotes était toujours un moment crucial pour chaque étudiant. Une remise en question de soi, une interpellation face aux attentes de sa famille.

Aussi, ce fut un moment révélateur des clichés et des dessous de table.

Tout et rien se racontaient sur ceux qui ont mérité et ceux qui ne l'étaient pas. N'est-ce pas que les étudiants d'une même promotion se connaissaient toujours à ce sujet.

Combien de fois n'a-t-on pas vu des nuls obtenir la mention « satisfaction » mais, incapables de répondre à une question dans l'auditoire, incapables d'écrire parfaitement ni de défendre des travaux pratiques.

C'était sur des sujets de ce genre que la conversation était engagée, une véritable tragédie morale.

Un étudiant de premier cycle en pharmacie s'insurgeait contre le phénomène « Nos enfants d'abord », une espèce de faveur, non, à vrai dire, de favoritisme aveugle accordé à la progéniture des professeurs.

Il a terminé son récit sur sa collègue de promotion pour qui un assistant, de surcroît son amant, rédigeait sa monographie pendant qu'elle se pavanait à la cité.

— Il ne serait pas surprenant d'entendre qu'elle ait obtenu la mention « distinction », s'étonnait-il à la fin.

Une étudiante en Droit enchaîna sur un autre registre.

Cette fois, il s'agissait de ses amis de promotion qui établissaient, à l'approche de la session d'examens, une liste d'étudiants originaires d'une même province à remettre au prof du cours de Droit des affaires.

Ainsi, dénonçait-elle le régionalisme ou le clanisme qui favorisait une fuite des questions d'examen ou encore de dispenses indûment accordées.

Dans la foulée, un autre étudiant en Sciences Po a rapporté comment quelques uns de ses collègues, ne se sentant pas capables d'affronter seuls tel ou tel autre examen, faisaient appel aux étudiants de promotion montante, appelés dans le langage estudiantin « Mercenaires » afin de les secourir.

Il y eut également des commentaires dans tous les sens sur l'amour dit «académique » entre étudiants avec tous les abus qui en découlaient sur le futur mariage.

Certes, ce dernier récit rappelait mes relations de copinage avec Patricia ainsi que celles de fiançailles avec

Melyna, étudiante en troisième cycle en Gestion de l'environnement.

Cette dernière était fonctionnaire notamment, secrétaire dans une entreprise publique de la place, elle roulait carrosse.

Parfois, c'est le véhicule de service qui venait la déposer sur le campus, selon l'horaire des cours.

C'est dans ma chambre où elle se reposait avant de prendre son auditoire.

En fait, elle et moi, on est tombés amoureux quand on a dansé ensemble, serrés-collés, la soirée de la cérémonie nuptiale de son cousin Prince, mon ami d'adolescence.

Au début, ce fut un véritable coup de foudre, ensuite, s'alluma la flamme d'un amour sincère attisée d'une promesse ferme de mariage.

Elle me téléphonait toutes les demi-heures pour savoir où j'étais ? Avec qui ? Qu'est-ce que je faisais ?

Elle et moi avions le même âge mais, cela n'était pas un alibi en sa faveur, pas du tout. C'était moi le maître à bord et je m'assumais avec un orgueil mâle rationnellement bien dosé pour faire face à toute éventualité.

C'est vrai qu'avec elle je ne manquais de rien en amour franc et en argent.

Néanmoins, à son absence, c'était avec Patricia que je passais des nuits et journées envoûtantes, voire envoûtées.

Elle me chauffait, me réchauffait et me surchauffait, parce qu'avec elle, c'était ça ou rien au monde, je dirais, une obsession.

Comme chantait l'artiste Emeneya King Kester «Elle est comme ça, c'est sa façon, c'est son style ».

Et pour y faire face ou ne pas faillir, j'avais toujours sur moi quelques substances aphrodisiaques locales aux effets prolongateurs du genre ankoro.

Parfois, c'était au moment où je m'apprêtais à autre chose que Patricia venait voluptueusement toujours m'enlacer.

J'étais incapable d'oser lui en refuser un seul instant, non plus parce qu'elle fut instamment séduisante et désirable, mais parce qu'elle avait l'art de faire l'amour, en prélude, pendant comme en postlude.

Chaque instant avait son plaisir, chaque plaisir sa sensation et chaque sensation son fantasme érotique dont seuls, ses paumes de main toujours chaudes, ses doigts experts, ses ondulations en imprimaient le rythme vibratoire et extasiant jusqu'au point d'orgue.

Aussi, elle en faisait comme si c'était la toute première fois qu'elle en découvrait les délices, comme si c'était la toute dernière fois de sa vie.

C'était son côté jardin, peu importe le moment ni le lieu, en chambre, debout, adossée au mur, sur les buissons, même sur les marches de l'auditoire central.

Sacré auditoire ! Quel lieu magnifique, touristique, glamour, mythique, panoramique, plein d'inspiration et sommet même de l'inspiration, d'enchantement où tout se célébrait sans se contredire entre ombres et lumières.

De matinées religieuses aux journées scientifiques, de soirées de contemplation individuelle aux ébats nocturnes ou encore aux disputes passionnées avec ou sans effets.

Si ce n'était pas la suite sans suite d'hier, c'était la fin de la suite mais tout recommençait demain comme si rien ne s'était passé ni fini, comme si rien ne s'était dit.

Des mots nouveaux, des idées nouvelles, des mêmes câlins qui semblaient nouveaux pour réinventer l'amour, en A majuscule ou en a minuscule, cela va de soi.

Ce serait ça le côté B sans lequel la face A serait fade, ennuyeuse, sans tonus. C'est l'équilibre naturel non.

Mais, avec Melyna, c'était l'amour en A majuscule, en recto et verso tandis qu'avec Patricia, c'était en a minuscule en recto tout court, c'était une longue histoire.

En attendant donc, quoi de plus normal que de l'attendre patiemment dans cette longue attente qui n'en finissait pas encore.

En fait, Patricia n'avait pas que des capacités étonnamment merveilleuses en dessous du nombril, mais elle était très intelligente, je dirais même douée, imbattable en économétrie et tous qui était mathématique, son côté cour.

Le plus souvent, elle était très sollicitée chaque fois à la préparation des épreuves par bon nombre d'amis pour des explications.

De fois, elle épatait l'auditoire sur la résolution des équations complexes des math financières.

C'est ici le sens de la vraie parité, une démonstration de la capacité du savoir-faire au même titre ou plus que l'homme, contrairement à celle réclamée par des discours et au prix d'épuisantes longues marches.

Dans un débat intellectuel, elle savait confondre la vanité masculine par sa capacité de prouver par a + b, le contraire d'une opinion émise par un autre.

Là aussi j'adorais Patricia, sans complexe, toujours dynamique et convaincante.

Sa taille, un mètre quatre vingt, son poids, quatre vingt et un kilos ainsi que son charme doublement armé, une véritable œuvre d'art vivante, au mieux une « bombe anatomique » comme chante l'artiste Jean Goubald.

Toujours coquette et souriante, ce qui enrichissait son pouvoir magique de possession, de la même manière qu'elle me possède comme un oiseau dans une cage alors que ça aurait pu être le contraire.

Evidemment, sa taille était son atout à pareille occasion pour se frayer le passage et prendre note aux valves pendant que les autres, pour y arriver, se hissaient péniblement sur les bouts de leurs orteils dans cette foule encore compacte.

Devais-je avouer sincèrement qu'avec Patricia, je fus involontairement impudique. C'est arrivé à cause du prof d'économétrie qui, avait échoué son baratin sur elle et a voulu me faire payer la facture du bouc émissaire.

Et pourtant, elle n'était simplement qu'une amie de promotion et du même groupe constitué traditionnellement pour la préparation des examens.

Par malheur, comme son cours avait une forte pondération et avec d'autres entraînés, Patricia et moi avions eu de sérieux problèmes que seul le Doyen de la fac, dans sa sagesse avait su résoudre.

Enervée par cet acte prémédité et abusif du prof, Patricia me confia un jour sa décision : « Sikoyo nakolinga yo na nko, akosambwa », pour dire, je vais t'aimer de force pour en faire baver au prof. Voilà comment, sans le savoir, le prof a fait basculer nos relations sur l'autre flanc.

A qui donc la faute ?

Sinon, ça n'aurait pas été parce que je connaissais bien le fiancé à Patricia qu'elle-même appelait « le vieux », de qui j'ai bénéficié plus d'une fois, de billets verts en guise de prime pour veiller sur elle.

Haut cadre d'une société brassicole de la place, le vieux n'attendait plus que la fin des études de sa dulcinée pour célébrer toutes les trois versions de mariage.

Déjà, une heure passée d'attente, soit 14 h 35.

Là était justement le mal du système traditionnel dont souffraient encore nos universités alors qu'en affichant les

16

résultats sur un site internet de l'université, ce spectacle cauchemardesque et désolant disparaîtrait.

Malheureusement, chaque année, c'était toujours pareil, les mêmes peines, les mêmes maux, pour passer d'une promotion à une autre.

Une courte sonnerie de mon portable crépita. En vérifiant, c'était un bip de Patricia pour m'annoncer peut être qu'elle en avait fini.

La voilà qui descendait les marches toute trempée de sueur avec des mèches de cheveux collées sur son visage calme et serein. Elle me fit signe de la suivre.

Arrivé à sa hauteur, elle me tendit l'un des papiers qu'elle tenait dans sa main.

– Il y a nécessité de voir tout de suite tous ces prof étant donné que la deuxième session des examens est prévue dans deux semaines selon le communiqué, trancha-t-elle.

C'était malgré moi, un ordre auquel je devais obtempérer parce que je manquais effectivement de cotes à trois cours. J'avais tout intérêt de m'exécuter.

Heureusement que j'ai trouvé le prof titulaire des deux cours parmi les trois. C'était le plus cool.

Il était également détenteur de deux diplômes de doctorat en management et économie monétaire, « Bidoc » comme souvent dit dans le langage.

Il s'en prenait toujours à l'attitude de ses collègues qui aimaient compliquer la vie des étudiants en pareille circonstance pour des raisons mercantilistes.

Il était très exigeant sur le plan de la rédaction de mémoire mais, humaniste en ce qui concerne le paiement des frais de direction.

Parfois, il réduisait le coût ou carrément il exonérait certains étudiants ayant des problèmes financiers.

En vérifiant sur ses listes, il s'étonna que je manque de cotes sur la liste affichée aux valves alors que j'avais obtenu 15 points sur 20 dans l'un et 11 dans l'autre.

Sûrement une ruse de son assistant pour nous rançonner après, c'était à la mode.

Il m'apprit qu'il avait dispensé de la deuxième session, tout étudiant de deuxième licence ayant obtenu 10 points dans ce dernier cours et que la fac affichera incessamment un communiqué là-dessus.

Après l'avoir remercié, je pris la direction de l'autre bâtiment où le prof était sur le point de s'en aller.

Dès que j'ai posé mon cas, il fit demi-tour et se réinstalla.

Il tira de son sac une pile des listes et vérifia une à une à deux reprises, sans trouver celle où figurait mon nom.

Se ravisant soudain, il me fit savoir que la liste des points pour la dernière année de licence en économie était restée par inadvertance à son domicile et que je pouvais repasser demain dans la matinée pour la suite.

Lorsque j'ai voulu m'en aller, il me demanda de patienter et me posa la question de savoir si j'avais un parapluie.

A mon entendement, il avait besoin d'un parapluie pour se prévenir contre une éventuelle intempérie à son retour et voulait que je lui en prêtasse.

Je répondis que je ne disposais que d'un pardessus.

Le prof s'esclaffa de rire et me dis que je passais loin de la plaque.

— Il ne s'agissait pas d'un objet pour se protéger de la pluie mais plutôt d'une personne, une autorité académique ou un professeur qui te soutiendrait dans pareil cas.

Il pouvait également me parrainer jusqu'à m'accorder la mention « distinction » afin d'être retenu professeur assistant, avait-il conclu.

Je répondis avec philosophie pour ne pas m'attirer d'ennuis.

Visiblement, il n'était pas convaincu de ma réponse mais, finalement, je l'ai quitté sur la promesse de le revoir demain.

Comme mon estomac sonnait creux, je suis vite rentré au home pour me ressourcer.

J'ai allumé le réchaud en vue de réchauffer le riz et quelques morceaux de poulet, plat préféré de Patricia.

En effet, mon réchaud comme tous les autres sur le campus était extra rapide.

Un exploit de nos amis les polytechniciens qui avaient savamment redimensionné les fils de résistance que tout se cuisinait à une vitesse lumière entre deux et dix minutes au max. Sinon, au delà de ce timing ou la moindre négligence, tout se calcinait.

Lorsque j'apprêtais la table, une voix cria sur le seuil de la porte, — Eeh ! Joe Ken, diminutif de mon nom Kenakawo Daniel, pas question de commencer sans moi, sinon je risque de crever et toi tu risques l'embargo.

C'était Patricia qui revenait très fatiguée et en plus, elle avait eu pour moi des bonnes nouvelles pour la suite.

Dans le ventre de la Méditerranée

Après immersion baptismale funèbre, sans respect de liberté de croyances dans les flots de la méditerranée, une dernière tenue uniforme à tous, âges et sexes confondus, discrimination positive dirait-on.

Exceptionnellement autorisé dans la morgue, j'assistais ainsi à la dernière toilette peu élégante de plus de trois cents corps des naufragés.

Les employés commis à cette tâche s'y affairaient avec calme et délicatesse.

Là, pour la toute première fois de ma vie, je fus pétrifié par cette absurdité humaine. Hier vivant et aujourd'hui mort sans avoir souffert d'aucune maladie. Un changement brusque d'identité que la providence m'avait préservé.

Une nouvelle identité décrétée, une dernière identité acquise, inscrite sur une croix latine : « Non identifiés », faute de pièces d'identité.

Sans procès, sans sermon, sans frais, loin de l'Imam, loin du serment d'huile et du diacre. Très loin et si loin du patria mater mais, tout près, sinon si près, hélas ! A côté du rêve.

Ma vue supportait à peine ce parc de cercueils alignés pour une cérémonie d'honneur à titre posthume, était-ce vraiment là un honneur ?

Dans cet après-midi moins ensoleillé sous une atmosphère lugubre, une à une, les caisses disparaissaient au fond du large et profond puits creusé par une pelle mécanique, après une cérémonie d'aspersion d'eau bénite par le prêtre tout vêtu de mauve. Une fois encore, non respect de la différence de foi.

Devant ces cercueils, l'on croirait qu'une hécatombe du genre tsunami aurait balayé l'île avec ses puissantes très hautes vagues.

Hélas ! Il n'en était absolument rien de cela sur Lampedusa.

Oh ! Lampedusa, quand devins-tu l'île-cimetière ?

Naturellement belle, lieu de villégiature, d'évasion ou d'invasion.

Jamais Romulus et Remus, tes géniteurs n'auraient imaginé pareil sort.

Oh ! Lampedusa, rassures-toi, des flux d'immigrés sudistes sans discontinuer, afflueraient quel qu'en fut le prix, tant que la bonne gouvernance serait une pilule amère à avaler pour leurs dirigeants politiques.

Sur mes joues flasques, ruisselait un torrent de larmes chaudes au rythme de frissons qui me secouaient légèrement.

Malgré cet effet de froid marin ponctué par des regards, certains inexpressifs, d'autres piquants, des souvenirs encore tout frais jaillissaient les uns après les autres au vu de cette cérémonie macabre.

« Rescapé » du naufrage d'une embarcation de fortune qui gisait au fond de la méditerranée, seul survivant et unique témoin du périlleux voyage.

L'embarcation avait chaviré en plein milieu après avoir reçue de coups successifs des puissantes vagues auxquelles ne pouvaient résister la coque. Celle-ci, bien que fraichement repeinte, cachait malheureusement sous ces couleurs des limites et fini par céder.

Au secours ! A l'aide ! Au secours ! A l'aide ! Au sec….. ! Criait la voie étouffée de ceux qui, ne sachant pas nager, avalaient en travers des gorgées d'eau pendant qu'ils se noyaient.

Quelques-uns imploraient le Dieu de leur foi : Allah Akbar ! Seigneur Jésus ! Vénérable Bouddha, d'autres invoquaient leurs ancêtres ainsi que des divinités inconnues.

La panique fut à son comble. Personne ne pouvait secourir l'autre au risque de couler rapidement avec lui surtout s'il ne savait pas nager.

A peine quelques raies lumineuses venant de côtes infiniment lointaines se reflétaient faiblement comme dans un miroir sur la surface de la mer ballottée constamment par des violentes marées qui éberluaient et affaiblissaient tout effort de progression.

La peur succéda rapidement au courage.

Ce qui accentuait cette peur pendant ces quelques précieux instants de sursis vital, c'était l'immensité de cette mer, cette vaste et infinie mer.

Mais surtout, c'était une peur bleue à l'idée affreuse d'être incognito happé par la mâchoire redoutable de l'un des monstres qui y peuplaient sans aucun espoir d'en ressortir vivant. Tout ne tenait qu'à un miracle.

L'instinct individualiste de survie étant à son corps défendant, un sacro-saint principe en pareille circonstance où chacun se battait contre sa propre mort ou voulait sauver son âme, sa vie.

Plus d'amitiés ni de fraternité, plus de paternité ni de filiation. Que dirait-on ? Homicide volontaire ou involontaire ou encore non assistance à personne en danger ?

Certains s'accrochaient désespérément au reste des morceaux de bois de l'embarcation mais leur charge étant insupportable, ils s'enfonçaient inexorablement sous les eaux en poussant des cris horribles.

Quelle triste fin vers l'Europe ! Aujourd'hui l'eldorado plein de phantasmes pour ceux qui ont le droit de rêver.

Sans savoir combien de temps ces instants de lutte contre le trépas avaient duré, soudain, je vus un bateau qui progressait.

Plus il s'approchait plus les vagues s'amplifiaient autour.

Un garde-côte me lança de justesse la bouée de sauvetage nouée à un long fils alors que j'étais à bout de mes ultimes brasses d'amateur.

Epuisé, j'avalais convulsivement mes dernières gorgées. Avec la dernière énergie d'espoir, je m'y agrippais.

Lorsque la bouée toucha la coque de la vedette, deux autres gardes vinrent rapidement pour me hisser à bord. Ouf ! J'étais sauvé du piège mortel des eaux de la méditerranée.

Oh ! Toi Méditerranée, historique, autrefois lieu mythologique aux mille récits légendaires et carrefour vital de l'Antiquité.

Innocente, te voilà aujourd'hui coiffée par la folie humaine, d'une cagoule de bourreau pendant que les pires assassins, parés d'or, euphoriques, roulaient carrosses ou résidaient dans leurs somptueux palaces.

Malgré moi, je suivais en détail ce cérémonial funèbre comme les épisodes d'un film.

De temps en temps, mes yeux fixaient anxieusement cette sinistre épitaphe qui plongeait tous ces naufragés dans la nuit éternelle de l'oubli où seule désormais, la solitude tombale leur tiendrait affectueusement compagnie.

Loin de leurs familles et privés d'une visite de celles-ci mais, exonérés d'éventuelles visites touristiques, les unes anonymes, les autres éphémères et fugitives. Rien de résistant à l'épreuve du temps.

Indécis, malheureux, inconsolable, j'assistais aux funérailles de mes compagnons de route, hommes et femmes, toutes nationalités et races du Sud confondues. Heureusement pas d'enfants.

Cette scène macabre était contraire aux prévisions du marabout consulté par ma mère.

Clandestins, immigrés, tous fuyaient des maux semblables à la peste qui les frappait : mauvaise gouvernance, rébellion, népotisme, tribalisme, dictature, arrestations arbitraires, assassinats…

Une mer de misère dans un îlot de bonheur habité ostentatoirement par les gouvernants et leurs complices.

Ces évangélistes éhontés d'une pseudo-démocratie grossie chaque jour à la loupe par leurs beaux discours hyper médiatisés, du leurre.

Les voilà éternellement accrochés au fauteuil présidentiel transformé en bien privé ou en dynastie.

Non, l'ivresse du pouvoir et la boulimie de richesse les aveugleraient toujours, en outre, les doteraient de capacités plutôt nocives que de bienfaisance, celle de pousser les autres, malgré eux, au faîte de leur pauvreté jusqu'à en baver.

Quoi donc de plus normal que l'exil, l'immigration et pire encore, le naufrage en guise d'exutoire.

Me voici aujourd'hui séparé à jamais de mes frères et sœurs toutes religions confondues. Pourtant avant hier, ensembles et solidaires, nous avions parcouru des kilomètres.

Au clair de la lune surtout, têtes enturbannées et pieds perdus dans le sable froid du désert sahélien ou entassés à bord de jeep comme dans une boîte à sardines. Plus rien ne pouvait arrêter l'ambition.

Mais si par malheur une panne survint le jour, le désert se transformait en premier bourreau sûr et redoutable.

La chaleur, la déshydratation, une mort lente, cauchemardesque et collective tel un suicide d'accompagnement à l'oriental s'en suivait.

Au cours de cette odyssée, le futur préoccupait plus et prenait davantage place dans les rares conversations que le présent et tous ses risques.

Certains pensaient s'installer définitivement en Europe, d'autres par contre, estimaient faire suffisamment d'économies et revenir pour investir au pays. J'étais partisan de ce dernier point de vue.

Dans ma culture, n'est-ce pas « vivre loin dans un pays étranger, disaient les anciens, ressemblerait à être dangereusement assis sur une branche d'un arbre qui pourrait se casser à n'importe quel moment ». Parfois, les contextes ont changé ; l'on peut vivre mieux ailleurs que chez soi.

Nos passeurs profitaient à chaque instant de notre silence pour en rajouter sur le bien-fondé de l'immigration.

Ils nous racontaient avec délectation leurs meilleurs services rendus ainsi que les multiples avantages bénéficiés par les uns et les autres selon les pays de leur rêve.

Mais jamais, ils n'osaient dire combien de cadavres des clandestins, par leur bon soin jonchaient le ventre de la méditerranée. Ces négriers modernes qui travaillent en réseaux organisés escamotaient le mauvais passé.

Le passé, comme le virus à Ébola, personne n'osait l'évoquer. C'est vrai que nul ne voulait en parler pourtant, chacun des passagers en souffrait.

Et comme une écriture indicible à l'encre des maux et du temps, chacun gardait ce lourd passé sur son visage, dans son cœur et dans son silence.

Le silence, cette arme de sagesse et de grandeur, je l'ai cultivé tout au long du voyage. J'avais plus pour interlocuteurs, quelques versets bibliques et quelques sourates du Coran.

J'avais le même respect et la même considération pour ces deux livres sacrés parce que né d'une mère chrétienne et d'un père musulman. Une éducation spirituelle métissée.

Je m'attachais plus aux valeurs humaines qu'ils prônaient : l'amour, la justice, la solidarité, le pardon et la charité plutôt qu'à la pratique dogmatique régulière musulmane ou chrétienne fut-elle.

Ainsi, j'étais toujours parcimonieux dans mes propos. Si non, je me serais attiré la foudre des autres à l'exemple de trois passagers venus aux mains.

C'était une nuit, non loin de Zarsis, port tunisien de pêche artisanale où l'embarquement avait eu lieu. Ils n'hésitèrent pas à s'administrer des coups.

Heureusement, l'expérience de nos passeurs, ces trafiquants sans âmes, aux biceps bien saillants avaient su en venir rapidement à bout de ces ardeurs à caractère extrémiste par une technique des arts martiaux.

Et pourtant, le jour de notre départ, un dimanche dans la nuit étoilée, à Djanet, une ville située au sud-est de l'Algérie, non loin des frontières Est de la Lybie, nous étions enthousiastes, en communion, frères et sœurs.

Nous étions « tous pour un, un pour tous », liés par le sort au mieux par un idéal commun : « voir l'Europe et mourir ».

Or, cette mort guettait notre convoi composé de trois pick-up land cruiser sur tout l'itinéraire de plus d'un millier de kilomètres.

Peu avant In Amenas, une autre ville frontalière algérienne, des contrebandiers lourdement armés interceptèrent notre convoi.

Chaque passager se retrouva avec un canon froid de Kalachnikov ou de pistolet pointé sur sa tempe. Une sueur froide de peur jailli instantanément de partout. Une femme s'était évanouie et d'autres pissèrent.

Heureusement que l'un de nos trafiquants appelé Hussein, moyennant des billets verts, négocia avec le chef de cette bande des malfrats sans foi ni loi qui nous lâchèrent quelques instants après. Plus tard, le passeur nous appris que n'étaient ses relations suivies avec ces derniers, le pire serait arrivé.

Plus loin sur le territoire tunisien, avant Foum Tataouine, une contrée où se pratiquait une polyculture vivrière traditionnelle, le pickup de queue qui accusait un retard sur les deux premiers s'était renversé suite à un excès de vitesse.

Les passagers s'en sortirent indemnes grâce à l'amortissement de leur chute par des dines de sable.

Hélas ! Quel trajet parsemé rien que de la mort multiforme : prévisible et imprévisible, lente et subite, douce et violente que l'on n'hésiterait malheureusement pas de défier obstinément pour se mettre à la poursuite effrénée d'un bonheur que seule l'Europe posséderait. L'Afrique et ses potentialités, est-ce une illusion ?

Oh ! Dame l'Afrique, berceau de l'humanité, quand donc arrêterais-tu cette tragédie ? Quand donc arrêterais-tu cette comptabilité macabre ignoble, infâme ?

Sais-tu à qui donc tu ressemblerais avec tes richesses incommensurables ? N'est-ce pas à un homme qui a soif d'eau mais, qui quémanderait pitoyablement à boire aux passants pendant que ses pieds sont plantés dans la rivière.

Mille et une pensées s'entrechoquaient en moi.

Parfois, j'aurais souhaité d'y passer dans un cercueil comme les autres. Une fin gratuite, épisodique et même lâche, commenteraient certains de mauvais aloi.

Devais-je rentrer au pays, connaissant le rejet que l'on subissait, le regard condescendant et piquant jeté par la famille sur celui qui pour elle a échoué.

Une question pas du tout facile à répondre en dépit de ce que je venais de vivre. Alors, fallait-il continuer ? Une option qui heurtait déjà plusieurs inconnues malgré l'idéal.

Plus rapides étaient mes pensées qui fusaient, mais lourdes étaient mes jambes qui refusaient de quitter le cimetière de Lampedusa.

KIN BABEL

Jalouse aurore ne tardait d'illuminer l'horizon. Distillant sa lueur crépusculaire sous l'œil courroucé des « ambianceurs » qui se mouvaient, serrés-collés, elle couvrait si tôt lentement, sans scrupule, le jour nocturne de son brumeux manteau dans la nonchalance des rues tristes, morbides et attentistes mais, imperturbables.

Indifférents à l'insolence agressive de vrombissements des taxis qui encombraient le trafic intense, insensibles à l'orchestration des klaxons tapageurs, faiseurs de la nuit diurne, l'air noctambule, certains couples rêvaient encore et à côté, des allumeuses, ruminant des remords d'une nuit ratée, cuvaient autour de tables sans désespérer.

Par-ci, un dernier baratin, par-là, un dernier verre pour la route mais parfois, sans en être pas du tout sûr.

Puis, petit à petit, au gré d'intensités sonores ébruitant et vociférant voire même étourdissant, s'annonçait lentement le jour nocturne de l'ambiance, splendide dans toute sa brillance magnétique.

Enrobé de fantasmes, illuminant des ombres multicolores endiablées de volupté fugace mais enivrante... Ainsi va la vie à Matonge, l'un des plus chauds si non, le plus réputé des quartiers de Kin ou Kinshasa la capitale.

Une mégapole à plusieurs vitesses qui ne se règlent qu'au rythme trépidant de l'harmonieux et complice ménage entre l'art d'orfèvre et le flot mousseux.

Ce fut dans ce paradoxal quartier kinois où depuis sa naissance, se prélassait mon cousin Errol.

Son surnom légendaire évoquait d'autres, Durango, Wabuza le Zumbel, Kasa dum, Appolosa, Kikwata, Mikumble, Jo F… des héros de la bande dessinée kinoise « Jeunes pour jeunes ou Likembe », nom tiré du lamellophone, un instrument musical local mais ; en réalité, c'était des durs à cuir ou des bagarreurs réputés des quartiers kinois.

Ils avaient pour pseudonyme « Bill », tiré de films américains des légendaires Cowboys.

Aucune lumière ne filtrait à travers les rideaux de son salon alors qu'il était 10 heures. Ce qui me laissait croire qu'il savourait encore peut-être, sa grâce matinée, après une belle randonnée nocturne.

Lorsque je voulus frapper de nouveau à la porte, une autre, celle du chalet d'en face déjà entrebâillée, grinça avant de s'ouvrir largement sur une jeune dame frisant la trentaine.

Elle avançait vers moi, en réajustant soigneusement à la taille, sa jupe — pagne empreinte des motifs de la faune congolaise sur fond blanc qui contrastait agréablement avec un chemisier blanc.

Ce qui lui rendait toute la splendeur de sa féminité printanière. Plus elle s'approchait, mieux mes yeux d'ancien séducteur religieusement converti admiraient sa beauté.

Nez en infini, cheveux châtains plaqués se terminant par un chignon noir, sa lèvre inférieure écarlate bien saillante formait un repli très accentué en jonction avec son menton légèrement hirsute.

Yeux presque bridés, cou annelé, « kingo mwambe », dit-on en kinois, elle me semblait avoir l'habitude de s'abandonner ainsi aux regards gloutons et avides d'envie.

La galanterie m'obligeait de lui rendre toute la courtoisie en déclinant également mes identités non sans oublier de souligner mes relations familiales avec Errol.

Elle me pria d'une voix gracieuse de patienter. – Ton cousin Errol ne devait pas tarder après sa ronde des journaux au niveau du rond point Victoire, rassurait-elle.

En effet, je m'aperçus que mon cousin ne s'était pas départi d'une habitude devenue, à la limite, un devoir.

Ainsi, chaque matin, il parcourait les titres des quotidiens étalés au niveau de ce carrefour situé au croisement des avenues Victoire et Kasa-Vubu où trône le chétif monument des artistes.

Baptisée au nom du tout premier président du Congo Joseph Kasa-Vubu après l'indépendance, cette dernière avenue part du boulevard du 30 juin en ville, presqu'en diagonale de l'ancien Ciné-Palladium en traversant la capitale d'Est à l'Ouest, passant par le Sud.

Ce carrefour a le monopole de l'affluence extrêmement turbulente de Kinshasa. Plus animé, plus étourdissant, c'est le plus réputé de tous. Une destination et un passage obligés, même sans le vouloir. On y va en vainqueur, on rentre vaincu...

De ce lieu de prédilection, Errol ramenait souvent un exemplaire du journal selon que tel ou tel autre sujet aurait touché sa sensibilité.

Fils unique parmi quatre filles de mon défunt oncle paternel, Errol a grandi en fils à papa. Deux de ses sœurs étaient mariées coutumièrement et civilement du vivant de mon oncle alors que les autres avaient préféré une union libre, « yaka tovanda » comme on dit en lingala.

Tel un hymne sacré, les artistes chanteurs célèbrent sans cesse cette union informelle qu'elle s'est finalement inscrite en douceur dans les mœurs urbaines comme une mode.

Combien n'entend-on pas chanter « Soki baboti nayo baboyi ngai, yaka tovanda » qui signifie, « même si tes parents ne veulent plus de moi, vient vivre ou cohabiter avec moi ».

Errol avait hérité d'un bien immobilier dont le revenu locatif à Kasa-vubu et en plein cœur de la cité de Matonge le mettait à l'abri de plusieurs besoins.

Ça lui rassurait tout, même ses vagabondages sexuels dont il n'était jamais prêt à assumer sa progéniture accidentelle.

Il adorait renifler la poudre blanche, « pimbo » en lingala et en était déjà au stade de non retour. Seule la faveur divine pouvait l'en délivrer, jurait-il une fois.

Une prise par la voie royale, simple comme lorsqu'on inspire avec délectation, de l'air frais dans ses poumons, des effets aussi hyper rapides qu'hallucinatoires, puis, tout devient rose… le sourire, le play-boy…

Les autres stupéfiants, il en détestait et même en avait horreur, de par leur mode d'emploi.

La seringue était la voie sûre d'attraper le virus du siècle, la fumée était son ennemi, ça empestait tout, dédaignait-il, en passant dans la rue, les gens n'humeraient que son effluve désagréable et nuisible. Pour un sapeur de sa classe, c'était hors de question.

Errol adorait comme une déesse, sa mouvante cité d'ambiance, Matonge, baptisée « Capitale de Kinshasa » par son voisin et ami d'enfance, le célébrissime chanteur Jules Shungu, alias Papa Wemba.

Ils habitaient sur Kandakanda, l'une des cinq avenues constituant le nom du réputé Village Molokaï souvent confondu aux Iles Molokaï sur le Pacifique.

Et pourtant, il ne s'agit que des syllabes et lettres ingénieusement réunies notamment :

M première consonne de l'avenue Masimanimba ;

O première voyelle de l'avenue Oshwé ;

LO, première syllabe de Lokoloma ;

KA, également première syllabe de Kandakanda et I de l'avenue Inzia.

Comme une cerise sur le gâteau, l'avenue Saïdi qui coupe perpendiculairement les cinq avenues successives deviendrait le renommé « Couloir Madiakoko », épicentre du flot mousseux et de rencards des amoureux qui flirtaient à vue d'œil.

Errol aimait picoler. La poche intérieure de sa veste ne manquait jamais son remontant, toujours un petit flacon de liqueur classique de renom.

L'évasion chaque week-end, dit « sabbat » en tournée, dans les night clubs les plus huppés de la capitale et même à Brazzaville, était une règle sacrée.

Plus adulé pour la sape faisant de lui l'un des « Grands prêtres », il ne négligeait rien au moindre détail.

Toujours à la page, tout sur lui était dernier cri. Dans sa garde robe, tous les couturiers de renommée mondiale y étaient soigneusement classés. Un habillement onéreux et égoïste.

Refoulé plus d'une fois de l'Europe, jamais Errol ne finissait d'en rêver ni de recommencer quel que fut le prix.

Toutes les voies étaient bonnes pour y aller, même les plus absurdes.

De cette description du passé de mon cousin, semblable à un costume que je cousais pour lui, que restait-il encore sur mesure ? M'étais-je finalement interrogé.

En attendant son retour, sa locataire qui s'était présentée au nom de Mama Ciska, m'invita pour m'asseoir sur une chaise sous un jeune manguier.

Elle me tendit ensuite un quotidien d'une livraison d'il y a quelques jours. En tout cas, j'avais une faim endémique de lire un journal.

Figurez-vous, plus d'une dizaine d'années après le vent impétueux de la Pérestroïka ou plutôt de démocratisation, j'ai quitté Kinshasa pour ma contrée appelée « Cibote ».

Dans ce patelin, je n'ai pas pu lire une seule ligne d'un journal ni de n'importe quelle autre paperasse.

Au juste, qu'aurais-je amené pour lire parce que notre éditeur, averti de justesse de l'imminence de mon enlèvement, m'avait évacué nuitamment en catastrophe.

Déguisé, sans bagage, je m'étais recroquevillé dans le coffre de sa voiture comme un poussin dans un œuf pour échapper à tout prix, aux griffes du Service national d'investigations supposé débarquer instamment.

Mon péché fut d'avoir publié dans les colonnes de notre hebdomadaire « Deux sons de Cloche », un article sulfureux avec des détails sur les déclarations incendiaires d'un leader de l'opposition dite « Union sacrée radicale ».

Ce fut dans ces circonstances troubles que je m'étais refugié dans mon village, situé à des milliers de kilomètres de la capitale à vol d'oiseau.

Un recul dans le temps et dans l'espace, bien que dans ma prime enfance j'y ai passé quelques vacances.

Les pieds étaient le meilleur moyen de déplacement, plus de téléphone ni d'électricité.

En l'absence de la lune, la nuit était éclairée par les étoiles, dans nos maisons, par le feu d'un foyer allumé au moyen des brindilles. La pollution environnementale était un concept parfaitement inconnu.

La chasse, la pêche à la digue, tendre des pièges et les travaux champêtres étalés sur deux saisons furent mes occupations auxquelles je m'adonnais allègrement.

Organiser des jeux traditionnels compétitifs entre les jeunes de mon village ou avec ceux des villages voisins étaient mon divertissement favori.

Pour m'informer, le jour comme la nuit, j'allumais le seul poste récepteur de mon grand-père, le chef du village.

Personne n'y touchait, une vieille marque nippone, de couleur rouge écaillée, ficelée à son milieu avec une liane sauvage. Il avait encore un son clairement et parfaitement audible malgré son état vétuste.

Ma présence avait gonflé la tête de mon grand-père qui s'en orgueillissait d'avoir un de ses petits-fils intellectuel, journaliste de surcroît.

Pour lui, j'étais censé hériter le trône royal en lieu et place de son fils unique, mon père donc, décédé il y a de cela dix ans.

Je buvais de l'eau naturelle fraîche, non chlorée, puisée à la source, pleine de vertu, sans m'inquiéter des amibes, vers parasitaires encore inconnus au village.

Quoi de plus délicieux que de me délecter du vin naturel de palme tiré fraîchement, sans mélange de produits ou ingrédients modernes nuisibles à la santé comme le formol.

Tout était naturel ou tiré de la biosphère saine : pas d'intrants pour la semence et la croissance des légumes.

La viande des gibiers et des animaux domestiques se consommait avec toute sa saveur, contrairement à celle de la ville, surgelée qui se conserve pendant des années grâce au froid, source des maladies inconnues de nos aïeux.

Et pourtant, au village, la viande fumée sentait plutôt bon même plus longtemps après. Plus de fast food ni des céréales génétiquement modifiées.

Malheureusement ou heureusement pour moi, cela faisait deux jours que j'ai décidé de quitter mon beau village dans son état de virginité, tel que célébré par Senghor.

Hélas ! Sans prévenir quiconque, de la même manière que ça s'est passé en y arrivant.

Je suis parti une semaine avant, fuyant mon intronisation prévue et annoncée avec tambours et trompettes par mon grand-père.

Je ne voudrais pas m'imaginer sa déception, sa rage, mais plus tard, je lui enverrai des présents pour calmer sa colère royale.

Me voici revenu à Kin, me voilà en train de lire passionnément, mot à mot et phrase par phrase, ce quotidien.

Je lisais avec la même saveur que lorsqu'on mange gloutonnement un plat préféré, tellement que tous les sujets y abordés me semblaient nouveaux, extraordinaires et même singuliers.

En manchette, des titres qui n'avaient rien de comparable en teneur.

Politique : — Un shegue élu député provincial,

Nouvelles technologies : — la génération face book ou tête en l'air.

Société : Genre ou parité : — Violences sexuelles faites aux hommes en hausse,

Religion : Où est la vraie église chrétienne ?

Une photo et une caricature accompagnaient ces titres.

En haut de la page, la photo mettait en relief, le shegué porté en triomphe par la confrérie après la proclamation des résultats électoraux entachés de graves tricheries.

Sur la caricature au centre, filles et garçons, grosses têtes à larges oreilles reposant sur des jambettes fragiles, tantôt debout, tantôt assis.

Les uns pianotaient leurs ordinateurs portables répondant aux mails de leurs correspondants virtuels sur face book, les autres, en pleine communication téléphonique. Vive la mondialisation !

Ce fut l'instant choisi par Mama Ciska, apparemment lettrée, pour me faire savoir qu'elle discutait souvent avec Errol sur divers sujets publiés dans les quotidiens qui se terminaient souvent à queue de poisson. Elle n'avait pas pu terminer son premier cycle en communication, une grossesse inopportune était vite arrivée.

Le médecin lui apprit, lors des consultations prénatales, qu'elle présentait un placenta prævia qui nécessitait beaucoup de précautions ou alors, c'était le pire.

L'auteur de la grosse, ami à Errol était malheureusement tué dans un accident de circulation lorsque sa fille Monica avait six mois. Par humanisme, Errol les prit en charge.

Elle reprit ses occupations à la cuisine après son bref récit émouvant sans qu'aucun commentaire n'ait été émis de ma part.

Aussitôt, je me plongeai dans l'article sur le shegué élu député, mais sans oublier qu'une presse en mal de sensation existait toujours. Des gros titres accrochant surtout politiques mais, au contenu creux.

J'ai cru ma concentration assez forte pour me cloisonner hermétiquement du faux silence urbain constamment troublé.

Si ce n'était pas par des vrombissements stridents des véhicules mécaniquement obsolètes, c'était par des klaxons assourdissants ou tantôt par des clameurs des badauds en mal de curiosité.

Imparfaite était mon illusion car, la clameur accompagnée de coups de feu, partis du petit marché Jakarta situé le long de l'avenue du stade me fit sursauter comme un gosse réveillé brusquement de son sommeil.

Je vis Mama Ciska sortir de sa cuisine, apparemment angoissée. Quelques instants après, une jeune fille moulée dans son pantalon jean rouge comme un boudin sur barbecue, tatouage sur la racine de son sein gauche, venait presqu'essoufflée.

Elle était talonnée par mon cousin que j'ai failli ne pas reconnaître de par sa barbe broussailleuse qu'il avait laissé pousser, semblable à celle d'un djihadiste mais, impeccablement taillée.

Réalisant tout à coup ma présence, de son gabarit de basketteur, oubliant même ses airs coquets, Errol s'était mis à scander mon prénom et des pseudonymes inconnus en sautillant.

C'était toujours pareil avec lui, tous les temps que j'ai partagé avec lui sa chambre. De tous les cousins, j'étais le seul à bénéficier de ce que je pouvais appeler des faveurs.

Car à Kinshasa, il n'était pas facile d'être logé ou sous logé pendant des années chez un membre de sa famille sans se retrouver un jour ou l'autre dans la rue, pour une raison bien connue ou inavouée.

Ce colosse s'agrippa à mon cou en criant à pleins poumons,
— Tonton Flory Kiwet Shan, bon retour à Kin Babeeel.

Il dégageait ainsi de sa bouche une haleine au parfum alcoolique à me couper le souffle mais, que j'ai du supporter pour ne pas briser l'élan euphorique de retrouvailles qui l'emportait.

Lorsque la charge émotive qui l'agitait se dilua, Errol lâcha son étau à mon cou et se calma, tout en maintenant ses deux mains sur mes épaules. Il me contemplait comme si j'étais immortel. Puis, il alla s'échanger.

Le spectacle régalait également Mama Ciska et sa fille sauf que je me demandais pour quelles raisons Errol avait dit Kin Babel au lieu de Kin la belle.

Le voilà qui revenait légèrement habillé, un t-shirt blanc et une culotte bariolée à multiples larges poches.

Il aboya d'une voix rauque un ordre et tout de suite, Monica, cette fois en culotte très sexy, s'exécutant comme une automate, apporta une chaise et s'éloigna.

A peine s'était-il installé, Errol retira le quotidien placé sur mes genoux. Au lieu que ce fut moi qui lui déroulait le récit de mon voyage, il prit le devant.

A chaque instant, il me tapotait sur l'épaule ou la cuisse pour se rassurer que je l'écoutais religieusement.

Et comme un kinois lorsqu'il communique, il ne cessait de dire instamment en franc lingala : « Ozo comprendre » soit, tu as compris.

Commençant par le dernier article, celui de la vraie église chrétienne, il a qualifié les pasteurs de vendeurs d'illusions illusoires.

De mémoire de chrétien, jamais il n'a vu les soi-disant « Hommes de Dieu » afficher un comportement sans retenue dans les médias :

— Au nom de Jésus qu'ils prêchent, ils s'insultent et se maudissent. Chacun estime que seul son enseignement avait un fondement biblique et que les autres n'étaient que des hérésies.

Ils interprètent chacun les versets bibliques comme les avocats et les juges interprètent les articles du code pénal ou encore de la constitution. Quel Babel ?

Leurs fidèles s'enivrent de leurs prêches comme de l'opium en espérant des miracles, et pourtant, Dieu déclare que ne peut manger que celui qui travaille.

– Quel drame ! se plaignait-il, de « Kin la Belle », ma ville est passée, lentement, doucement et sûrement sous mes yeux à « Kin la poubelle » et voici, au même rythme, s'installer « Kin babel ».

Babel, poursuit-il, c'est aussi cet habillement et ce comportement confus. L'on ne peut distinguer à peine une fille d'un garçon.

Tenez, les cheveux ébouriffés, autrefois signe de malpropreté, sont devenus à la mode.

Les garçons se font des belles tresses, se font percer les oreilles et mettent des boucles, les voilà à la mode, des hommes féminins. Les filles font justement le contraire.

La starisation de tous en marche, musicien, chanteur, plasticien, footballeur, comédien, badaud, difficile d'identifier distinctement l'un de l'autre à monsieur tout le monde dans la rue.

Une autre mode à la mode, c'est le tatouage, du visage à la plante des pieds comme une toile d'artiste, les dessous impudiquement au-dessus. Tous, filles et garçons. Quel babel ! s'exclamait-il en s'arrachant la barbe.

— Mais, « les modes s'envolent et les valeurs restent », dit-on ; où sont-elles aujourd'hui ces valeurs ?

Autrefois, sans revenir à l'époque de nos aïeux, les pommes étaient sacrées, bien couvertes et exclusivement réservées à son partenaire intime. De nos jours, c'est gratuitement exposé, quel harcèlement public ?

Ainsi, vole en éclats la pudeur, ainsi irritées, les mœurs s'évaporent… ainsi, est mise en péril plus périlleux, la moralité publique.

Là-dessus, Errol raconte comment il fut violenté sexuellement par trois jeunes professionnelles de sexe, « Tshel » en lingala, qui l'avaient attiré une nuit dans un piège.

Après avoir pris ensemble un verre de trop, elles l'avaient mis à poils pour s'offrir à volonté chacune et à tour de rôle, un plaisir érotique multiforme.

Vidé de toute son énergie et complètement paumé, il s'est retrouvé chez lui grâce à sa notoriété et aux bons soins de Mama Ciska et sa fille.

Baissant sa voix comme s'il voulait se confesser, Errol me fit du coup son aveu, regrettant ainsi d'abuser de cette dernière et sa progéniture âgée de quatorze ans, en kikongo « Kudia nsusu kudia maki » autrement dit, manger la poule et ses œufs.

En effet, mon cousin n'était pas si innocent qu'il le paraissait, « babéliste » lui-même.

Le connaissant bien, il ne l'avait pas dit sur un ton d'enfant de cœur ni de repentance.

Tout à coup, Errol s'est mis à rire de manière saccadée, puis s'arrêta net comme un jouet électronique pour me poser une question : — t'as vu cette caricature ?

Sans attendre ma réponse, il s'est mis à l'interpréter. — Une tête démesurée, macrocéphale, bref, ça veut dire que le cerveau de ces jeunes d'aujourd'hui est plein mais de quoi ?

Sûrement des connaissances virtuelles disparates et volatiles plutôt que des connaissances solides et fiables avait -- il estimé.

Oui, des connaissances disparates comme eux-mêmes sont dispersés : le casque coincé dans les oreilles diffuse la musique, en même temps, ils surfent tantôt sur face book, tantôt dans leurs courriels.

Et comme l'internet offrent vraisemblablement toutes les réponses à leurs questions, leur cerveau mis en jachère court le risque potentiel d'atrophie et réfléchir devient une abstinence.

En plus, les jeunes confondent l'écriture argotique des sms sur téléphone et sur face book avec la réalité. Conséquences, ils inventent une autre écriture que la nôtre.

Les voilà devenus plus virtuels que réels. Quel babel !

Essoufflé, il demanda un verre d'eau à Monica.

Cependant, au lieu que ce fut seulement l'eau, Mama Ciska fit son apparition suivie de sa fille comme dans une procession sacerdotale.

Elles tenaient des plateaux bien garnis. L'heure du repas avait sonné. Effectivement, il était plus de midi passé.

Du fufu, des tartines de chikwange, des chinchards à l'oseille et un pot de piment rouge, quel régal !

Après avoir servi et souhaité bon appétit, la fille resta à table sur ordre de mon cousin pendant que sa mère reprit ses travaux de ménage.

Entre deux bouchées et un verre d'eau, Errol reprit la parole, non sans souffler de plaisir sous l'effet piquant du piment.

— C'est pire que Babel, s'exclamait-il, du shegue au député, sans un minimum d'apprentissage citoyen, même au village, un forgeron ne deviendrait pas du jour au lendemain notable ni enseignant.

Les coups de feu de tout à l'heure, témoignait-il, c'était la police, tellement débordée qu'elle tirait en l'air pour riposter aux projectiles d'une bande déchainée de ces jeunes. Quel type de futur citoyen aurons-nous ?

Entre deux bouchées, Errol marqua une petite pause.

Se ravisant d'avoir trop monopolisé la parole, il me la passa implicitement en me posant la question de savoir si notre village ne serait pas devenu aussi un babel comme Kinshasa.

En attendant ma réponse, il étendu soigneusement du piment sur un bon morceau de chinchard qui disparu rapidement dans sa bouche suivi de deux tartines de chikwange bien malaxées avec ses phalanges.

Ensuite, il prit une bonne gorgée d'eau qui actionnait sa paume d'Adam dans un mouvement rapide de va et vient semblable à celui d'un piston d'une voiture en pleine vitesse.

Quel appétit d'ogre, l'avais-je admiré, tout en essayant de l'imiter sans espérer y parvenir, moi qui avais un gésier à la place d'un estomac.

Notre village était encore loin, sinon très loin de ton babel kinois, avais-je répondu. Plus de confusion entre les sexes, pas d'hommes féminins.

Plus de tatouages mais plutôt de scarifications signes d'identité, les tresses étaient exclusivement réservées aux filles et à leurs mères.

Plus d'exhibition éhontée des dessous ni d'exposition scandaleuse des seins comme une mode.

Au village, les us et coutumes, véritable patrimoine identitaire n'étaient pas encore prêts à s'offrir sur l'autel de la mondialisation.

Elle et sa fille appelée « globalisation » présentent un risque potentiellement élevé d'ethnocide ou d'homogénéisation culturelle.

Ici on se préoccupe de réduire à gros moyens le fossé numérique, par contre, la toile creuse inexorablement et dangereusement un ravin dans le cerveau des jeunes. Au village, la morale et ses valeurs bénéficient encore de beaux jours, sinon des belles lunes.

Au village, vertu et modèle s'inscrivaient en école constante sacrée qui inspire chaque classe sociale alors que la ville sévit la crise des valeurs et des modèles. Mais, on ne sait jamais, ce que demain sera fait. Rassures-toi, cher cousin, le babélisme et tout son cortège des maux est plus présent dans la capitale qu'il ne l'est encore dans notre beau village.

Un sms virus au parlement Malebo

Devenant de plus en plus denses, des cumulonimbus se développaient rapidement en plusieurs foyers qui auguraient une brusque averse. Gris foncés et pâles, ces nuages précurseurs se mirent furieusement dans une course effrénée, à surplomber l'immense et infini tapis d'azur qui, par infimes endroits, résistait à leur oppression.

Un vent violent et poussiéreux souffla à la hauteur de la 7è rue Limeté, soulevant feuilles mortes, papiers et sachets, qui se mirent à voltiger jusqu'à former une série de tourbillons hauts de plusieurs mètres de part et d'autre du Boulevard Lumumba. Le temps devint maussade.

Des vendeurs de cacahuètes à la sauvette, nsafu, chikwange, racines aphrodisiaques, cigarettes, gaufres…, payèrent impitoyablement les frais de cette bourrasque.

Assis sur le siège du passager à droite, j'observai l'honorable député Bombel se querellant avec son volant pour essayer d'éviter un grand tourbillon qui s'agitait impétueusement en plein boulevard. Mais, plus forte était cette masse d'air tumultueux qui l'obligea de stationner à quelques mètres avant.

Et de toutes les vingt quatre communes de la ville de Malebo, Limeté était plus arrosée des précipitations souvent inopportunes que n'importe quelle autre, simplement parce que située dans une zone de forte dépression atmosphérique due à la forte concentration de masses d'air chaud à effet de serre émis par des usines.

Cet orage naturel n'était pas de loin comparable, par sa violence, à la tempête politique soulevée au Parlement Malebo par une question orale d'un député de Droite contre le vice-premier ministre en charge des mines et énergies de la Gauche.

Pas plus tard que dans la matinée, la plénière n'a été ni suspendue ni levée selon les normes qui la régissaient mais, plutôt brutalement interrompue suite aux coups que les « honorables » députés s'étaient administrés les uns les autres.

Chacun voulant faire entendre sa raison. Oui, la raison, surtout quand c'est celle du plus fort particulièrement, des anciens sportifs en mal d'exercice, elle avait fini par la violence.

Evacué en catastrophe, le président de l'Assemblée fit annoncer la reprise de la plénière à 16 h, par le haut-parleur de l'hémicycle. Ainsi donc, profitant de cette pause de deux heures, Bombel s'était rendu au siège de son parti situé au N° A/125 bis de la 19ème rue à Limeté.

Après un entretien avec les membres du directoire de sa structure politique et voilà qu'au retour vers le Parlement, un tourbillon lui dicta la loi.

Ce fut au même moment qu'une jeep grise venait de doubler la nôtre à vive allure avec à son bord un député de la Gauche majoritaire que l'on reconnut tout de suite.

S'esclaffant d'un rire moqueur sec, Bombel lâcha : — en voilà un des illettrés de la démocratie parlementaire que regorge la Gauche.

Bombel avait investi en immobiliers et unités de production importants. Il disposait d'une drague personnelle pour l'extraction du diamant. Ainsi, se moquait-il éperdument de ses jeunes collègues députés minés par des découverts bancaires malgré leurs émoluments.

A ses côtés, j'assumais à la fois des fonctions officielles et officieuses, secrétaire particulier et secrétaire général de son parti dénommé « Parti des Démocrates Nationalistes », implanté uniquement dans la capitale et à Bakwanga, sa province natale.

Reprenant finalement la route après ce stationnement forcé, Bombel quitta le boulevard Lumumba pour longer le boulevard Jason Sendwe, un des leaders de la province des mangeurs de cuivre anti-sécessionniste assassiné.

Il était 13 heures passées, soit deux heures d'avance sur le début de la plénière de tous les enjeux, de la deuxième République de transition à forte dose dictatoriale.

Controversée, elle était à la fois voulue par certains et mal venue pour d'autres, de par sa forme.

Une longue et chaotique marche, après le Forum National, véritable culte de confession de péchés véniel et mortel. Une période caractérisée par des turbulences politiques convulsives sans précédent.

Soudain, le téléphone portable de Bombel sonna. Ce gadget de marque Sony coûtait dix fois le salaire d'un fonctionnaire. Comme d'habitude, il me le tendit pour recevoir le correspondant : « Bonjour Honorable, Son Excellence a signé votre dossier, passez le retirer ».

Ça venait du directeur de cabinet d'un ministre à qui j'avais remis hier, une enveloppe garnie de billets verts. Qui avait dit que la Gauche était une chapelle des saints ? La jeep s'engagea sur le boulevard Triomphal, si ce n'était pas le plus court du monde. Un record ?

Arrivé au croisement du triomphal et de l'avenue des huileries, un policier de circulation s'interposa. Malheureusement ou heureusement pour lui, Bombel le gratifia d'un juron en brandissant son passeport diplomatique de député pour dire en filigrane, « intouchable ». Eéé… Vive la république de transition véritablement républicaine. A vrai dire, Bombel était allergique au fisc.

De temps en temps, je glissai un pot de vin aux flics de circulation qui pullulaient les carrefours pour nous exonérer de tracasseries.

La jeep roulait péniblement sur l'avenue du 24 novembre suite à un embouteillage monstre provoqué par une file ininterrompue des voitures et des bus bondés des passagers en liesse. Certains brandissaient des rameaux alors que d'autres, surtout des jeunes, sifflaient à tue tête.

« Alongi na ye ee !alongi na ye » en lingala (il ou elle a gagné…) reprenaient-ils en chœur, accompagnés par des klaxons, un vacarme assourdissant facile à imaginer. La cérémonie de collation des grades académiques venait de se terminer dans l'un des instituts supérieurs de la bouillonnante ville de Malebo.

L'on voyait d'ailleurs des récipiendaires en toges, assis en califourchon sur des portières et agitant un bouquet de fleurs. Quels futurs cadres ? Bombel poussa un long soupir

54

derrière le volant qui semblait lui peser d'une tonne rien que pour une vingtaine de minutes passées, cherchant péniblement à se frayer le moindre passage.

Lui qui avait décroché son master en économie à Harvard, l'une des meilleures et prestigieuses universités américaines, n'avait qu'un regard de mépris pour toutes ces scènes surtout que tous ses enfants avaient également terminé leurs études supérieures aux Etats Unis et en Europe. Quelle aubaine ! Une mission terrestre gracieusement bien remplie.

Des agents ramenèrent de l'ordre qui nous permit d'évoluer jusqu'au niveau du boulevard du 30 juin où la circulation était plus ou moins fluide.

L'arrivée au ministère se fit sans encombre et tout se passa rapidement entre le directeur de cabinet et moi. Au retour, il décida de voir l'informaticien qui reparait son ordinateur lap top avant de se rendre au Parlement. A peine le temps de négocier deux virages pour prendre le boulevard, une brève sonnerie crépita.

Ce fut un minimessage, couramment appelé sms soit en anglais « short message service ». Il était écrit : « Honorable, veuillez passer à la Questure (caisse) avant de prendre part à une réunion d'urgence des leaders des partis de la Gauche ».

Arrivé à la hauteur de l'hôtel Régina en état d'abandon, il stationna juste à côté et coupa le moteur. Quelques minutes de marche suffirent pour arriver au rez de chaussée de l'Immeuble Botour. Le ciel était moins clément qu'à la cité mais curieusement, il se mit à pleuviner.

L'ingénieur informaticien doublé d'avocat avait une large calvitie et s'appelait Louison Mukeb'a. Il lui expliqua la panne en quelques mots : — un virus a parasité le disque dur, cerveau même de l'ordinateur. Par conséquent, tout le système est affecté. La solution, conclut-il, il fallait vider ce disque de tout son contenu pour le réorganiser, en terme technique, le formater.

A chaque explication de l'informaticien, il hochait successivement la tête avec admiration et promis de repasser le lendemain en laissant quelques billets de franc congolais. La circulation était encore bonne sur le boulevard qu'en moins de cinq minutes, la jeep roulait sur l'avenue des huileries.

Lorsqu'on amorça le dernier virage au niveau du Stade omnisports des Martyrs, une brève sonnerie alerta. C'était un minimessage venant de sa fille avocate résidant à Boston qui lui informait du transfert d'une somme d'argent.

Au Parlement, l'heure était entre concertations et alliances, de façade bien sûr. Elles se liaient et se déliaient au gré d'humeurs, d'affinités, de circonstances et de fibres sensibles ethno-tribales au détriment des vraies valeurs démocratiques. Fallait-il oui ou non sanctionner le vice premier ministre ?

En effet, la question n'était pas facile à répondre surtout avec plus de trois cent partis politiques, certains de mallettes. Un second record ? Du reste, la plupart, portaient des dénominations qui, en pratique n'avaient rien avoir avec une idéologie moins encore, une philosophie politique bien définie.

L'inconstance, l'opportunisme, le carriérisme, l'amateurisme, l'injure et le mensonge, consacrés en valeurs étaient l'apanage des leaders sans éthique pour la plupart.

Ils se rangent sans conviction avouée, le matin à gauche, le soir à droite et la nuit au centre sans toujours savoir ce que chaque positionnement signifiait politiquement. La dictature du ventre expliquait tout. Quelle cacophonie ?

Avant de prendre les escaliers pour participer à la réunion des leaders de Gauche, Bombel eut un entretien avec un autre député, ancien dinosaure du parti-état. Souvent, ils se moquaient toujours de l'amateurisme des nouveaux venus dans la conduite des affaires de l'Etat. Et pourtant, eux-mêmes avaient aussi une part de responsabilité dans le mal profond qui rongeait le pays.

Qui avait dit que l'homme à la toque de léopard se reposait définitivement dans son séjour des morts ? Pas du tout, son ombre et ses marques déposées sans cesse pérennisées font visiblement école même parmi ceux qui se croyaient faussement d'une conscience nouvelle. Que dire du culte de personnalité à outrance. Leur brève conversation terminée, tous deux se rendirent à la réunion.

En entrant dans le hall lustré, je vis que des députés de la gauche passaient à la caisse avant d'aller prendre place sur leurs sièges. Bombel ne me donna aucun ordre à ce sujet mais autrefois, j'avais perçu une enveloppe de cinq mille dollars pour soutenir un cas semblable à celui-ci. La salle se remplissait au fur et à mesure dans une ambiance mitigée. Bombel fit son entrée plus d'une demi-heure après.

Le micro claironna : « Le Président de l'Assemblée ». Tous se mirent debout, hormis quelques boudeurs. De toutes les façons, c'était pareil dans les parlements du monde.

Après le contrôle de présences annonçant que le quorum était largement atteint, soit 381 députés sur 420, le président, Pierre-Bonaventure Meyukutave déclara la séance ouverte pour siéger valablement. Quand c'était une plénière sur des projets de loi, souvent le quorum se situait entre 150 et 200 députés.

Néanmoins ; lorsqu'il s'agissait d'une question orale et d'une motion de censure, presque tous, répondaient fidèles au poste comme des vautours autour d'une antilope en décomposition.

De son perchoir, le président fit la lecture de l'ordre du jour qui comprenait les points ci-après : lecture de la question orale adressée au Vice premier ministre des Mines et Energies par l'honorable député Jean Calvin Atandele Tokolonga de la Droite radicale, suivie de la défense du Vice-premier Ministre, des questions des honorables députés et de la réponse du vice-premier ministre.

Ainsi soumis à l'assemblée, l'ordre du jour a été approuvé à l'unanimité.

Dans son mot, clair et très succinct, le Speaker rappela quelques dispositions du règlement intérieur au regard de tout et mis sévèrement en garde tout député, quelle que fut sa tendance, qui oserait troubler la séance comme ce matin. Le député Atandele fut invité pour lire sa question orale.

C'était le moment le plus attendu, voir le plus pathétique, parce que le dossier tenu entre ses mains ressemblait à une bombe prête à exploser en plein visage de l'interpellé apparemment serein.

Pendant un quart d'heures, le député a présenté la situation en exhibant des documents à titre des pièces à conviction culpabilisant le vice premier ministre. Des pots de vin dits « commission » perçus sur différents contrats miniers estimés à trois millions et demi de dollars. Au vu de toutes ces preuves, il a estimé qu'une motion de censure devait être votée contre le Vice premier ministre.

Son exposé fut applaudi frénétiquement. Le président de l'assemblée invita le vice-premier ministre Mbomba Lilako pour affirmer ou infirmer les allégations du député Atandele. Sa prise de parole fut précédée par des chahuts : détourneur des deniers publics ! Voleur ! Etc. Le Speaker fit vibrer son marteau pour imposer le silence.

Avec un accent grave, le vice-premier ministre fit sa défense tant bien que mal cherchant à se disculper, mais sans pour autant exhiber des contre preuves matérielles ni avancer des arguments solides. Pour lui, ses prédateurs ont servi l'auteur de la question orale des faux documents pour le noyer.

A l'extérieur du Palais, une foule innombrable des sympathisants et membres de quelques partis politiques de la Gauche, chantait et dansait pour soutenir le vice-premier ministre. Parmi-eux, des voyous qui menaçaient les députés de la Droite au cas où le vote basculait contre leur bienfaiteur.

La fin de son intervention fut accueillie par des applaudissements et en même temps des chahuts, ce qui présageait déjà la suite de la plénière. Une liste des noms des députés devant poser des questions fut égrenée par le Speaker et ces derniers commencèrent à défiler à tour de rôle.

Ceux de la Droite, vu les preuves accablantes présentées par l'auteur de la question orale, clamaient la sanction par la motion de censure et en définitive, soumettre le dossier à la justice. Ils ont rejeté la commission parlementaire souvent corrompue et sans suite favorable comme traditionnellement toutes les autres.

Pour ceux de la Gauche, sauf Bombel, tout en restant sur la défensive, balayant ainsi du revers de la main les pseudos preuves, ils proposaient un moratoire.

Bombel avait déjà ses nerfs bien tendus à le voir constamment pincer son nez après toute cette multitude d'intervenants jusqu'au dernier.

Avant même que le président de l'Assemblée ait suspendu la séance pour une pause d'une heure permettant au vice premier ministre de préparer ses réponses, Bombel pris le couloir vers la porte secondaire.

Heureusement pour lui car, la foule ayant mal interprété cette pause s'était mise à lancer des projectiles sur quelques députés de la Droite qui avaient pris l'entrée principale. Ils eurent la vie sauve grâce à la police anti-émeute.

En attendant la reprise de la plénière, l'occasion était de prendre d'assaut le resto du Parlement pour certains et pour d'autres, en ville, c'était la classe.

Bombel ne manqua pas de relever qu'au cours de la réunion des leaders de la Gauche d'avant la plénière, il a était reconnu que le vice-premier ministre avait touché des pots de vin mais, l'honneur de la Gauche étant mis en cause, il était de leur devoir absolu de le sauver autant que faire se peut. Bien entendu, chaque député jouissait de sa liberté de vote, avait faussement conclu le président de la réunion.

Et pourtant, sa longue expérience parlementaire lui appris à émettre de réserve car, s'y opposer ouvertement attirait toujours la foudre. La preuve, ce qu'il y a de cela deux ans, il a été évacué d'urgence à l'étranger pour intoxication sanguine soit l'empoisonnement. Ce fut lors du crash d'un Antonov 26, autorisé illégalement de voler par le ministre de transport. Son mal fut d'avoir soutenu la motion de censure.

Il était 18 h lorsque la séance avait repris dans une ambiance surchauffée par l'opposition qui tenait mordicus à sanctionner le vice premier ministre. Ce dernier répondit aux questions des députés de manière succincte justifiant qu'il y avait beaucoup de redites.

Ce qui accentua la colère des députés de la Droite insatisfaits de ses réponses et qui se mirent à crier à chaque phrase au point que le président Meyukutave usa de son marteau pour ramener le calme.

De toutes les propositions suggérées, le speaker n'en avait retenu que deux : constituer une commission parlementaire d'enquête et accorder un moratoire au dossier. Cela paru comme une insulte aux yeux de la Droite ou l'opposition et pour la démocratie parlementaire toujours souffrante d'excellence ainsi que de modèle.

Toute tentative des députés de l'opposition au travers d'une motion pour obtenir une troisième proposition s'étant avérée vaine, ils se mirent à quitter l'hémicycle sans attendre le vote qui penchait déjà du côté des manœuvres dilatoires de la Gauche.

La dernière proposition l'emporta sur la première soit 159 voix pour, 52 contre et 5 abstentions. Sans nul doute, l'effet sms, tel un virus dans l'ordinateur, affectait la démocratie. Bombel qui s'était abstenu profita du dernier comptage des voix pour sortir par la porte latérale.

– En quoi mérite-t-on d'être appelés « honorables » ou encore « Excellences » alors que l'on est tout sauf démocrates ni nationalistes parce que corrompus et corrupteurs, avait-il dit lorsque je le rejoignis dehors. Sans être fataliste, j'étais de ceux qui pensaient qu'un jour vient où un Parlement d'excellence sera constitué. Il était 23 heures passées.

UNE NUIT D'HORREUR

La sueur perlait au visage lorsque mes yeux s'ouvrirent. J'étais emmitouflé dans ma couverture sur un matelas de paille. Le grabat craquait sans se casser, suite à la pression que j'exerçais de par mes coudes pour essayer de me redresser.

Ma chemise me collait à la peau, je transpirais de partout. Devant moi, presque accroupi, je reconnus Marcel, l'un de mes frères, quatrième de la famille, et debout à côté de lui, l'infirmier du quartier qui tenait sa trousse médicale. Qu'est-ce qui m'était arrivé ? Avais-je demandé.

— Tu as fait une forte fièvre : 39.8 degrés, répondit Marcel. Heureusement pour toi car le « sauveur » était venu au secours.

Un compliment implicite adressé à l'infirmier surnommé ainsi pour son action humanitaire qu'il offrait bénévolement aux habitants du quartier. Il travaillait à l'hôpital général de la ville.

Je ne pus m'empêcher de le remercier personnellement, bien que ne sachant pas toujours pourquoi j'étais dans cet état fébrile. – Je vous en prie, répondit-il avant de disposer en me faisant signe de sa main. Il était 14h00 sur le réveil accroché au mur.

Puis, je me débarrassai totalement de la couverture qui m'étouffait déjà pour mettre mes pieds sur terre.

A cet instant justement, mon frère me fit savoir que j'étais presqu'évanoui lorsque l'infirmier était venu à mon secours et que je n'avais même pas réagi à deux piqûres successives.

Comme je ne disais mot, il m'a posé la question : — est-ce que la cueillette des champignons s'était bien passée ? Le mot champignon fut tout de suite un déclic dans ma mémoire où toutes les aventures de la cueillette se mirent en branle.

En effet, débordés d'enthousiasme et de joie infantiles d'être les tout premiers à cueillir les premières pousses des champignons après les premières pluies tropicales de septembre, mes deux amis et moi avions pris le chemin de la colline Katshabala.

C'est l'une des collines qui bordait la cité de Lusambo, du Nord à l'Est.

— A quelle heure étiez — vous parti ? demanda Marcel apparemment inquiet. Je répondis que ni moi ni mes amis, personne ne s'en était préoccupé.

Cependant, le silence qui planait sur la ville, poursuivis-je, était sépulcral, et visiblement le troisième chant du coq qui annonçait l'aurore n'avait pas eu lieu. --Quel enfantillage ! S'était-il étonné ?

La lumière de la pleine lune qui brillait comme le jour était la seule alliée qui comptait pour nous orienter poursuivais-je en ignorant bêtement sa remarque. Sans attendre, Marcel revint à la charge avec une autre question.

— Vous n'étiez que trois ou d'autres personnes vous avaient rejoints plus tard ? Si, d'autres groupes de jeunes et quelques adultes, lui avais-je rassuré.

La nuit était si profonde que seuls les échos de nos conversations nous revenaient.

A une centaine de mètres après les dernières maisons et cases de la cité portuaire, la cueillette de ce champignon brun et très prisé avait commencé.

Tiban ! ici Tiban ! Ça et là.   Au fait, ce fut un cri que poussait la personne qui découvrait le premier le champignon afin de s'en approprier.

Une manière préventive d'éviter des disputes, mais ça ne manquait jamais de dégénérer en conflit, avait fait remarquer Marcel.

Emportés par le plaisir de la cueillette et au rythme de Tiban, personne ne s'occupait du temps, avais-je poursuivi.

Tiban ! tiban ! pour une petite constellation tibanban… ! Comme un cri de guerre qui encourageait et motivait à la fois les cueilleurs.

Plus d'une heure s'était déjà écoulée. Plus on s'enfonçait dans la savane, plus elle était dense et beaucoup plus on s'éloignait des habitations, plus d'horizon perceptible.

En même temps, l'on profitait pour se régaler de la diversité des fruits sauvages, notamment les goyaves, les ananas, les chérimoles, etc.

Déjà, certains jeunes oubliant la cueillette des champignons, modelaient des buissons pour s'y installer afin de prendre paisiblement leur casse-croûte des fruits.

Ceux qui avaient cueilli les ananas les cognaient au tronc d'arbre afin de les diviser en morceaux consistants pour se les partager sans recourir au couteau ni à la machette, même s'il y en avait.

Marcel se contenta de hocher la tête comme pour gratifier ces jeunes d'avoir respecté la tradition.

Contaminés par la même idée, mes deux amis, Prince Etamba et Benoît Ependa me suggérèrent de marquer également une pause et faire aussi comme les autres.

C'était en attendant un éventuel chant de coq ou une cloche de l'église sonner pour nous rassurer de la levée du jour.

Quelques groupes engagés sur le versant d'une colline voisine progressaient et le tiban s'était raréfié.

Un hibou survola le lieu en poussant des cris bizarres et alla se percher non loin de là sur un jeune chêne. Entre une légende qui se contait et se racontait avec persistance sur le pouvoir maléfique de cette espèce d'oiseau nocturne rare et la réalité, la frontière n'était pas perceptible.

Seul, j'aurais paniqué, mais en groupe, je me sentais en sécurité.

— Non, répliqua-t-il, ce rapace est une espèce à protéger et n'avait rien avoir avec la mort ni la sorcellerie, n'accordes pas crédit à ces fables de la tradition.

Cependant, la cueillette avait repris sans qu'aucun fils du jour n'ait put se manifester.

Je pris un peu d'avance sur mes deux compagnons jusqu'à me trouver près d'un bosquet comprenant quelques jeunes palmiers et arbustes d'à peine deux mètres de haut.

J'étais incliné à tourner et retourner les buissons pour cueillir des champignons potentiels lorsqu'un vent souffla. Je m'étais redressé non pas par peur, mais pour me délecter de plaisir cet air sauvage frais, naturel et pur qui annonçait éventuellement l'aurore.

Je pris la résolution de progresser en contournant le bosquet par la gauche mais, mon cœur m'y interdisa et mes pieds n'arrivaient pas à avancer à chaque tentative. Un phénomène incompréhensible et bizarre jamais vécu.

— C'était nos ancêtres qui te protégeaient contre un mal potentiellement imminent, avait estimé Marcel presque suspendu à mes lèvres.

Je fis intuitivement un quart de tour, dis-je, à droite pour jeter un regard au dessus du bosquet, et à cet instant, le vent souffla encore plus fort que je fus obligé de faire un demi tour à une bonne distance car les arbustes et autres jeunes palmiers étaient violemment secoués.

Cependant, au lieu d'avoir peur, j'eus plutôt un courage incroyable, peut-être à l'idée que mes amis et les autres groupes progressaient dans la même direction que moi.

Le vent fini par se calmer et je repris la cueillette sans hésitation jusqu'à me retrouver encore près de la même haie d'arbustes.

Après avoir cueilli avec empressement d'autres jeunes pousses des champignons sans crier tiban, l'idée me vint de faire une autre pause de casse croûte en attendant d'être rejoint par mes amis.

Le petit stock de fruits qui restait dans mon panier se vida. Le buisson qui me servait de siège faillit se transformer en lit parce que mes paupières étaient lourdes de sommeil, mais des voix en conversation qui s'approchaient me firent sursauter.

Une fois debout, mes yeux, comme une antenne télescopique, se mirent à balayer l'horizon assez réduit qu'offrait la nuit pour me rassurer de la présence des uns ou des autres.

Personne de mes amis n'était en vue ni les autres groupes non plus, sauf que des voix progressivement audibles me parvenaient.

Etant trop rapproché du bosquet, ma taille ne permettait pas de voir par-dessus, je fus obligé d'exécuter quelques pas en arrière pour m'offrir une vue au dessus de la haie.

Quelques bois morts entassés me servir d'échelle et mes yeux fixèrent une silhouette mystérieuse, d'une taille incroyable, quatre à cinq mètres, bras ballants, jamais vue mais déjà entendue parler.

Oui, par un ami qui jouait quelques numéros de magie incroyables.

Je me souvins alors d'un drôle de récit horrifiant selon lequel, en plein minuit, il entreprenait des voyages initiatiques sur un tapis volant jusque sous la mer rouge.

Dans cette ville sous mer, il rencontrait ses maîtres, des géants qui mesuraient cinq voir dix mètres.

Mais ici dans la savane, que venait faire celui-là. Très vite, j'avais baissé mes yeux, croyant que j'hallucinais.

Un autre coup de vent très fort souffla à cet instant, secouant buissons et arbustes, j'eus terriblement peur, des frissons, la chair de poule, mes cheveux se dressèrent.

Horrifié par ce monstre, mes pieds glissèrent et mes jambes chancelèrent dans ma course mais sans tomber. Heureusement à quelques buissons de là, mes deux amis conversaient en progressant vers moi.

Je repris alors courage et m'arrêtais de courir jusqu'à ce qu'ils me rejoignirent.

Dire ou ne pas leur dire ? Me croiront-ils ou pas ? J'ai préféré le silence et laisser la place à la vérité qui ne tarderait pas.

Pendant ce temps, d'autres groupes avaient pris de l'avance et se trouvaient à hauteur de la haie par la droite, juste à quelques mètres devant.

– Pourquoi t'as fait demi tour alors que nous venions te rejoindre ?, demanda Prince.

Avant même que j'eus donné ma réponse, les autres jeunes qui contournaient déjà le bosquet effrayés, poussèrent des cris de peur et de panique en fuyant dans plusieurs directions.

Certains criaient : un fantôme !.., un monstre !.. , d'autres, un sorcier !...

— Jeune frère, intervint Marcel, saches que depuis nos aïeux jusqu'à nos grands parents, les sorciers ont le pouvoir maléfique de se métamorphoser dans la forme humaine ou bestiale de leur choix, selon les circonstances et la mission à accomplir.

Voyant que quelques uns des jeunes fonçaient en notre direction, c'était le sauve qui peut ! Moi et mes amis avions pris nos jambes à nos cous.

Un peu plus loin, l'on s'arrêta parce que se sentant en sécurité.

Mais, à peine qu'on était là, un lapin ou un autre rongeur pris de peur, surgit des buissons à deux pas de là. Encore sauve qui peut !...

Quelques plus jeunes que nous tremblaient, voire même pleuraient. Ils s'accrochaient aux adultes en les suppliant de rentrer à la maison.

Un coup de vent fort souffla, suivi d'un silence mystérieux coupé tout de suite par un écho lointain du chant d'un coq, puis du chant de coucous.

Ce signe annonciateur de l'aurore et le passage de quelques premiers cultivateurs donnèrent du courage et d'ardeur à tous pour reprendre la cueillette jusque dans la matinée.

Tiban !...tiban… ! tibanban… en même temps, les conversations et les éclats de rire reprirent de plus belle.

Chacun avait un panier plein de jeunes pousses de champignons, signe d'une bonne cueillette.

Le retour à la maison se fit sans trop de conversation suite à la fatigue. Néanmoins, quelques commentaires ont été faits sur cette apparition fantomatique.

La consigne fut de ne jamais en parler aux parents, auquel cas ils n'hésiteraient pas à nous interdire la prochaine tentative d'aller faire la cueillette.

En traversant l'artère principale, celle qui reliait la cité et la ville, à son croisement avec la rue Lomami où était érigée la grotte de la Sainte Vierge Marie, j'étais entre mes deux amis.

Quelques pas après, sous l'arbre verdoyant à épines, subitement, la silhouette m'était réapparue, cette fois, je ne vis rien que des orbites horrifiant à la place des yeux.

Et la suite, me voici sur mon lit où je transpirais. – D'ailleurs, selon certains récits, dit-il, un homme ayant eu le malheur de rencontrer ce monstre maléfique n'aurait pas la chance de survivre après avoir raconté l'histoire à sa famille, mythe ou réalité ? Heureusement tu es en vie. Mais, il aurait fallu consulter la montre et demander conseil aux adultes avant de vous rendre à la cueillette, conclu Marcel.

À la table était servi du fufu (pâte faite à base de farine de maïs et de manioc) et des champignons aux chenilles fumées appelés « mansamba ». Pendant que je savourais ce plat succulent, un écho me revenait sans cesse dans mes oreilles : tiban ! tiban !

ÉTAT DE CHOC

Il était plus de 11 h sur le petit cadran de ma montre, cadeau reçu d'un humanitaire des Nations Unies qui, le lendemain après notre rencontre à Ruhengeri se fit trancher sauvagement la gorge par des milices rwandais.

À ces heures naturellement, les tentes des réfugiés dominaient par leur blancheur, le luxuriant et verdoyant paysage qui s'étalait infiniment de part et d'autre du Camp Mugunga à quelques kilomètres de Goma.

Et pourtant, mes yeux bien écarquillés ne parvenaient pas à distinguer nettement cette constellation qui, vue du haut de la colline ressemblait à un damier grandeur nature.

La hâte d'y arriver me fit pédaler comme un sprinteur face à la ligne d'arrivée avec le risque d'une chute à même de compromettre mes moindres économies investies dans les deux paniers des poissons fumés. Je les avais fortement ficelés sur mon porte-bagages.

Par deux fois, j'ai du m'arrêter, main en visière, pour me rassurer si tout était normal au camp. Plus je progressais, l'incertitude devenait certaine.

Arrivé à l'entrée principale, ce que je vis était inexplicablement désolant. Quelques tentes disséminées étaient en lambeaux mais, la plupart étaient détruites ou encore réduites en cendre.

Pas âme qui vive ! Je crû qu'un incendie accidentel déclaré dans l'un des abris précaires serait à l'origine de ce désastre.

Aucune allusion possible au feu de brousse même si des colonnes de fumée se dégageaient plus loin en lisière du Camp. La végétation environnante gardait son état naturel verdoyant.

Rivés au sol comme à la recherche d'un trésor, mes yeux fixèrent des douilles des cartouches et à côté, des fourmis s'agglutinaient à une masse d'étoffes ensanglantée pendant que d'autres emportées en colonne leur provision.

Dès cet instant où je fis cette découverte et face à ce vide béant, mon cœur était affligé et mes pensées devinrent errantes.

Qu'est-ce qui s'était passé dans ce camp qui hébergeait rien que des réfugiés rwandais, burundais et des déplacés zaïrois ? Où était mon père, ancien capitaine de l'armée sous le régime d'Habyarimana ?

Avant-hier, au coucher du soleil, comme d'habitude depuis deux ans lorsque nous avions quitté Kigali, je m'apprêtais à me rendre à Bulenge, un village de Minova.

Dans cette contrée, je m'approvisionnais en poissons fumés à vendre.

Elysée, ma sœur cadette avait beau insister pour m'y accompagner mais, mon père s'opposa formellement avec toute autorité parentale.

— Junior mon fils, si tu ne veux pas voir ta sœur victime de viol sauvage, n'oses jamais l'amener hors du camp.

Où était-elle Elysée ? A-t-elle était violée et massacrée sauvagement à la machette comme ma défunte mère non loin de Gisenyi, par des milices, lors de notre fuite éperdue vers le Zaïre ?

Fallait-il qu'elle ait survécu du viol plutôt que de mourir sous les balles des inconnus assaillants ?

Qui sont-ils ? Des militaires rwandais ou des milices ? Plus j'avançais, plus les larmes ruisselaient abondamment sur mes joues, sur ma chemise… Mes narines humèrent à plein poumons une odeur fétide.

J'avais tellement pleuré que ma voix, devins rauque, à peine audible.

La morve avait coulé et séché jusqu'à boucher le nez comme celui d'un nourrisson enrhumé. Mes yeux chatouillaient sous des paupières dilatées.

Je vu des corbeaux, voire des chiens domestiqués au camp, transformés en hyènes.

Je cru voir un film documentaire des animaux sauvages d'Afrique. Au loin, impassibles et innocemment insensibles au malheur du camp, les eaux bleues du lac Kivu scintillaient comme des diamants.

Je toussotais et vomissais, des vertiges, mes jambes eurent des crampes, chancelaient et fléchissaient…

Mes yeux s'ouvrirent à moitié et je me rendis compte que j'étais dorsalement couché sur un lit dans un bloc médical.

Une jeune femme en blouse blanche assortie du logo Médecins sans Frontières était assise à côté.

Mon effort fut vain car mes yeux se refermèrent aussi vite qu'ils s'étaient ouverts.

Je revis la scène cauchemardesque des corbeaux et des chiens.

De par leur plumage noir et blanc luisant et leur pelage, on croirait deux équipes en compétition.

Maudits chiens ! Coyotes ! Arrêtez, criais-je en m'agitant.

— Calmez-vous, tout va bien, il y a plus de chiens ! C'était un cauchemar, cria-t-elle pour me persuader.

Elle mobilisa de toute son énergie féminine mes deux bras qui s'agitaient afin d'éviter que la trousse de perfusion ne s'arrachât.

Rassurée que j'étais calme, elle retira doucement et soigneusement l'épicrânienne de ma veine.

Le sachet suspendu était presque vide de son liquide jaunâtre.

Elle frictionna la zone piquée d'une ouate imbibée d'alcool et disparue quelques instants dans la deuxième pièce de la tente.

J'en profitai pour essayer de réanimer mes membres presque ankylosés et consulter ma montre électronique qui me pinçait au poignet droit. Il était 16 heures passé.

Que m'était-il arrivé ? Mon vélo, mes poissons… ? Sa présence interrompue mes pensées. Son regard doux et maternel eut un pouvoir thérapeutique soudain sur mon chagrin.

Elle me servi des pommes cuites et un steak tout en me souhaitant « bon appétit », « Aksanti sana » répondis-je en swahili, qui veut dire merci beaucoup.

En effet, arrivé à Goma plus de quatre ans après l'attentat qui a déclenché le génocide, j'avais parfaitement assimilé le swahili.

Ce fut après quelques bouchées avides que je me rendis compte qu'elle croquait une pomme verte et tenait dans l'autre main une photo.

Mon estomac était tellement creux que la hâte de le gaver fit détourner mon attention malgré son regard béatifique.

Le plat se vida du trois quart de son contenu et ma respiration devint très lente, à la limite, une peccadille de table.

À la fin, je l'ai gratifiée d'un compliment pour ce repas combien délicieux.

Elle débarrassa en un tournemain le plat et revins s'asseoir à côté de moi. Après un instant d'hésitation, elle me fit savoir qu'une équipe d'agents humanitaires m'avait trouvé évanoui dans la matinée sur le site de l'ancien Camp.

Les chiens me tournaient autour après avoir vidé les poissons contenus dans les paniers.

Seuls, mon passeport avec quelques billets de banque ainsi que cette photo étaient tous qui me restaient.

Elle m'apprit que des fosses communes ont été découvertes sous des bûches brulantes et que le recensement effectué par le Haut Commissariat pour les réfugiés a révélé que plusieurs rwandais hutus et tutsis ont été exécutés ou soit enlevés.

Un nouveau camp a été réinstallé au Nord-Est de l'ancien. L'infirmière m'affirma que selon le personnel humanitaire, les assaillants étaient des militaires venus opérer avec la complicité des forces de libération.

Arrêtant de me livrer ces précieuses informations, elle changea d'attitude et devint un peu soucieuse.

Elle promena son indexe sur la photo qu'elle tenait et l'arrêta net sur un officier de peau claire, debout à droite de mon père, qui lui était de teint sombre.

Les officiers dont mon père se distinguaient des autres soldats par leurs pistolets accrochés aux ceinturons.

Dans leur tenue bariolée impeccable, ils étaient semblables à un peloton prêt pour la parade nationale.

Sans hésiter, je dis, major Arthur Bugara, l'ami intime à mon père, debout, à gauche de ce dernier.

Quel rapport y avait-il avec vous ?, lui avais-je demandé.
– C'est mon père, répondit-elle.

Hasard ou providence, disais-je intérieurement. Elle m'embrassa et fondit en larmes.

C'est vrai que nos parents se fréquentaient régulièrement et mon père me confiait toujours qu'il avait déjà choisi pour moi une fiancée, l'unique fille du major Arthur.

Cependant, l'occasion de nous rencontrer ne nous a été jamais offerte jusqu'à ce que vint l'abominable guerre dont elle et moi étions malheureusement victimes.

Un conflit nourrit par un idéal sans âme ni foi, celui d'un complexe superfétatoire de supériorité ou de grandeur, de la pire folie humaine, aussi pire que de la peste.

Comment un être humain pétri d'argile, vivant sous le soleil, pécheur de surcroît et mortel au final, peut-il s'octroyer une supériorité ?

Tous, dans leur ordre d'arrivée sur ce sol qui les a accueillis pacifiquement, Twa, Hutu et Tutsi sont des frères et non des ennemis.

A peine calmée, elle se redressa et lâcha son étreinte : — « je m'appelle Nyirantorwa Pamela », déclinant finalement son identité parce que se sentant peut être en confiance.

Junior Mashira, lui avais-je rendu la politesse à mon tour. En effet, son nom et le mien, m'étais-je aperçu tout de suite, étaient chargés d'histoire du Rwanda notre pays.

Nyirantorwa, fille du roi tutsi Munyiginya Mibambwe I Sekarongoro fut donnée du temps de conquête entre les royaumes rwandais, en mariage à Mashira, roi hutu de Nduga.

La mission confiée à cette dernière par son père consistait à assassiner son mari. Le projet fut exécuté comme il avait été préparé.

C'était l'une des armes utilisées dans la conquête par les rois tutsis, en cas d'échec des armes classiques.

Mais à quoi bon d'exhumer ces vaines et vilaines rivalités bellicistes, ces barbaries que la révolution de 1959 avait déjà enterrées.

Ainsi, c'était elle ma fiancée choisie par mon père et qu'il fallait attendre jusqu'à ce qu'elle aurait atteint la majorité pour la marier.

En effet, dans la tradition rwandaise, cela signifiait que la fille était préparée de sorte qu'au moment du mariage, elle devrait se présenter à son mari et à son patrilignage, avec un corps conforme, pour ne pas dire, vierge.

Les petites lèvres devaient être allongées grâce à un rituel traditionnel appelé « Gukuna ».

Si non, elle était renvoyée à sa famille parce que jugée inadaptée au mariage et à la maternité.

Comme la nuit ne tardait pas de tomber, j'exprimai le besoin de rejoindre les autres survivants.

À deux pas de là, un couple dépassé amenait une fillette presqu'en convulsion. Je lui promis de revenir et pris la direction du nord.

Au bout de quelques minutes, j'étais en face des premières tentes que j'ai pu minutieusement visiter une à une, plus de la moitié sans aucun signe de vie de ma famille, moins encore des voisins d'avant l'attaque.

Sur les visages des uns et des autres éclairés par la faible lumière, la tristesse était encore lisiblement toute fraîche, particulièrement les femmes étaient les plus marquées.

L'éclairage lunaire me donna le courage de continuer à chercher mon père et ma sœur.

Dans l'allée principale, je vis un chapeau melon. Sans nul doute celui de Péguy Abagesera, ex-milice tutsi modéré, devenu mon ami.

Je le distinguais nettement de profil avec son nez bourbonien et ses épaules carrées bien que filiforme.

Mon père, un officier de renseignement rompu avait mis tout son temps à l'épier afin de savoir s'il n'était pas en intelligence avec Kigali. -- — On peut lui faire confiance, sa conversion est sincère, avait-il fini par conclure un jour.

Arrivé près de lui, je criai Pégo, parce que j'étais le seul au camp à l'appeler ainsi. Rien qu'à le voir, mes pulsations doublèrent de rythme tel un athlète sur la piste de compétition.

Après une étreinte chaude et amicale, nous avions pris place sur une banquette de fortune derrière la tente.

Devant nous s'étalait de toute sa splendeur, le parc Virunga où des hors la loi s'adonnaient allègrement, en cette période de troubles, au braconnage des espèces rares notamment, l'Okapi.

Au lendemain de mon départ à Minova tout était calme et d'allure normale sur tout le camp, avait-il débuté son récit.

Comme d'habitude, ce mercredi là, mon père, le capitaine Jean-Bedel et lui étaient associés à la distribution de céréales dont les haricots verts et le riz.

Très tard dans la nuit lorsque le calme planait, le camp a été surpris par des coups de feu nourris.

Ces « salauds », les avait-il qualifiés, nous avaient surpris comme des lapins, sans aucun moyen de défense.

Restant un moment silencieux, Pégo secoua la tête et claqua ses deux mains en signe de colère, regrettant ainsi de n'avoir pas, faute d'arme, défendu des réfugiés innocents, lâchement exécutés.

Il prit la direction de la ville de Goma. Pendant la progression nocturne, Elysée l'avait aperçu grâce au chapeau.

Cependant, le temps qu'elle mit à lui raconter au sujet du capitaine J.B, des coups de feu crépitèrent un peu loin, dans le sens contraire de leur avancée sans savoir qui tirait.

À nouveau, ce fut le « sauve qui peut ».

Pego estima prudent de ne pas s'hasarder dans la fuite nocturne au risque de se retrouver nez à nez avec des inconnus armés.

Il s'abrita dans une vieille case abandonnée jusqu'à l'aube et jugea bon de rebrousser chemin dans la journée jusqu'au camp.

Il trouva les humanitaires entrain de dresser des nouvelles tentes alors que la Croix-Rouge évacuait quelques derniers corps.

Arrêtant son récit qui était presqu'à la fin, il alluma son poste radio. Il était 18 h 30 passé, l'heure du Journal Radio Afrique N° 1.

—«…Sans aucune résistance de la terrifiante division spéciale présidentielle du dictateur, les militaires de l'Alliance sont entrés triomphalement ovationnés en libérateurs par les populations de Kinshasa», annonçait l'envoyée spéciale de cette radio.

— « …À Brazzaville, poursuivit-elle, les ninjas de Lissouba et les cobras de Sassou s'affrontaient avec comme conséquences collatérales, un flux de réfugiés qui se déversait sur Kinshasa… ».

Pego coupa le son qui grésillait. Les batteries étaient faibles, constata-t-il.

Son récit me remit dans un même état de choc que dans la matinée.

Mon père enlevé ou assassiné, ma jeune sœur en cavale, violée ou assassinée. Me voici doublement plus qu'orphelin.

Promettant à Pego de revenir, je refis la direction de l'infirmerie où j'ai croisé le couple de tout à l'heure sortant de là et apparemment enthousiaste.

Dos tourné à l'infirmerie, je fus attendri tout en les regardant s'éloigner.

Lorsque je voulus me retourner, deux mains tendres me voilaient les yeux avec insistance, me forçant de deviner qui était-ce.

Un geste inattendu et intime qui faillit déclencher l'adrénaline surtout que ses deux seins s'écrasaient tendrement contre mon dos.

Sans hésitation, je dis Pamela. Elle lâcha prise et m'entraîna par le bras jusqu'à une chaise.

Au même moment, une voix féminine l'appela de l'intérieur de la tente, sûrement une patiente qui avait besoin d'elle.

Elle disparut et revins quelques instants après tenant un tabouret sur lequel elle prit place.

Comment va votre malade ? – Oh !, assez bien, elle s'en remettra de son choc d'ici peu, répondit-elle.

Quel choc ? avais-je demandé.

Elle m'expliqua que c'était une recrue en formation militaire au camp Mantebe où étaient enrôlés les enfants soldats appelés « Kadogo » en swahili, qui signifiait petit ou jeune.

Celle-ci s'était tordue la cheville en sautant au cours de saut d'obstacles. J'eus une pensée à ma sœur mais j'ai évité de lui en parler.

Tous ses parents étaient d'origine tutsie contrairement aux miens notamment, ma mère tutsie et mon père hutu, un mariage encouragé par la Révolution.

Le moment était venu pour parler de nous.

Comme si elle s'était déjà préparée, Pamela se mit à cœur joie à me racontait de la préparation au mariage dont elle fut l'objet par sa mère et particulièrement sa tante paternelle.

Elle causait plus avec ma mère qui vendait l'huile de palme et des légumes au marché alors que moi, elle ne me connaissait que de prénom seulement.

Malheureusement, elle n'a pas su poursuivre son récit coupé par l'arrivée d'un jeune médecin à bord d'une jeep.

Trois casques bleus qui étaient avec lui relayèrent les autres commis à la sécurité du bloc médical.

L'occasion pour moi de prendre congé d'eux pour rejoindre Pégo qui m'avait déjà préparé un sac de couchage.

Sans aucune nouvelle rassurante de ma famille, c'était une nuit d'insomnie.

Aux environs de 10 heures, je pris la direction de l'infirmerie où je vis Pamela en entretien avec le médecin d'hier.

Le bonnet blanc avait libéré une chevelure d'ébène mettant davantage en évidence sa peau claire qui contrastait somptueusement avec sa robe bleue de nuit manche longue, légèrement moulant.

Chaussée de talons aiguilles bleus, elle avait une chute de seins bien contenue qui accentuait la forme finement régulière de ses hanches en amphore et respectait la courbe dorsale.

Subjugué par son anatomie, je n'avais pas réalisé l'absence du médecin relayé par la présence d'une infirmière en blouse bleue.

Effectivement, elle m'avait déjà prévenu que suite à l'horaire de service, l'une de ses collègues viendrait la relevait.

Malgré la présence de quelques malades venus se faire soigner, Pamela n'hésita pas de m'embrasser, cette fois, plus loin, en posant ses lèvres charnues sur les miennes.

Une deuxième étreinte courte mais, passionnée et concluante parce que scellée tendrement de ses lèvres.

Je finis par comprendre que les souvenirs suscités par la photo sur le passé de nos parents ont constitué des véritables ferments qui ont fait raviver le feu de notre amour qui couvait.

Elle me parut plus décidée et engagée dans son regard cristal que moi-même complexé par ma vie du camp, monotone, loin de ma patrie et sans espoir d'un éventuel emploi.

Pamela me quitta précipitamment en s'excusant pour entrer dans l'infirmerie où elle ressortait quelques instants après, aidant à marcher de sa main droite une patiente.

Lorsque celle-ci su indépendamment se servir de sa béquille, Pamela s'écarta.

J'eus l'impression de vivre un véritable compte de fées et pourtant c'était Elysée ma sœur cadette.

« Nyagasani » ! Criai-je en kinyarwanda qui veut dire « Seigneur ».

Appuyé contre la jeep devant ramener Pamela à Goma, je l'avais rejoins et soulevée comme une feuille sans tenir compte de sa béquille ni de sa cheville tordue.

Tous deux avions fondu en larmes sous l'œil attendrissant de Pamela et sa collègue qui, tout de suite vinrent nous calmer.

Pamela me rassura que tout se passerait bien car Elysée était déclarée physiquement inapte ainsi, les autorités militaires ne viendraient pas la réclamer quel que fut le prétexte.

Ayant récupéré ses effets dans le bloc médical, elle alla les placer sur le siège arrière et prit le temps de s'entretenir avec le conducteur.

Profitant de cette occasion, Elysée me restitua les détails essentiels de la tragédie de mercredi.

Ce qui était étrange ce que les assaillants disposaient d'une liste sur laquelle figuraient les noms des personnes qui leur intéressaient.

Pendant que l'un d'eux posait des questions à mon père, l'autre pointait le canon de son arme sur sa nuque.

Elysée simula instinctivement une crise d'épilepsie. Elle écuma puis pissa.

Mais aucun coup de feu n'a été tiré sur mon père sauf qu'on l'avait brutalisé comme il opposait sa résistance aux assaillants.

Ce fut lorsqu'ils se sont éloignés que Elysée avait pris fuite sans savoir où elle allait.

Dans cette errance, elle tomba entre les mains des militaires qui l'amenèrent au Camp Mantebe.

A partir de cet instant, je savais que mon père était enlevé pour des raisons qui restaient à élucider plus tard et que m'occuper de ma jeune sœur était une priorité absolue.

Pamela qui avait déjà compris en voyant Elysée en larmes, revint très vite et dit: — Elysée a suffisamment besoin de repos pour avoir vécue à son âge des scènes traumatisantes de tuerie.

Je l'amène à Goma pour cette raison et surtout pour suivre des soins appropriés.

Tout en me rassurant de leur séjour et de son retour, elle glissa un pli dans ma poche et me supplia de ne la lire qu'après elle.

Lorsque la 4X4 disparue de ma vue, j'ouvris l'enveloppe et en sorti une feuille quadrillée sur laquelle était écrite ces lignes : « Personne n'échappe au pouvoir de son destin, toi et moi non plus et jamais. Nourri de ferments indéfectibles et de valeurs morales fondés sur nos traditions, notre amour inaugure ce jour l'aurore de notre vie, transcende les guerres fratricides, la haine ethnique et scelle notre union jaillissant désormais comme une fontaine de réconciliation. Elysée restera avec moi jusque le jour de notre mariage. Ton amour, Pamela ».

Nzuzi

Au retour vers l'aéroport de N'djili, le long bus blanc strié de tricolore sur les deux flancs s'arrêta dans la soirée, au carrefour de la Gare centrale, dernière station du boulevard du 30 juin. Ce lot de nouveaux véhicules publics assure le transport en commun sur la ligne qui relie la Gombe (ville) et la Tshangu, ensemble des communes très peuplées avec des cités-dortoirs, situées à l'Est de Kinshasa.

Déjà historique de par le monument de Léopold II avec son piédestal dépourvu de sa géante statue équestre en bronze, déboulonnée lors de la révolution culturelle du « recours à l'authenticité », la gare centrale devint de plus en plus touristique grâce aux immeubles qui poussent tout autour.

Sous prétexte de modernisation, ce lieu est rebaptisé « Place du 30 juin », date historique marquant l'indépendance de la République démocratique du Congo. Ne serait-ce pas là une manière de raturer l'histoire ? Ne serait-ce pas là une gifle sur la joue des martyrs du 4 janvier 1959.

Historique, c'est aussi le monument érigé sur la façade des installations de la gare, en mémoire et en l'honneur des européens, des africains et des asiatiques qui avaient péri au cours de la construction du chemin de fer Kinshasa-Matadi.

Mais, c'est à peine que les passants puissent observer ne fût-ce qu'un moment d'attention moins encore, s'apercevoir de cette mémoire d'illustres pionniers, presqu'inconnus.

Pourquoi ciel, n'a-t-on pas affiché leurs noms sur un mémorial digne de leur sacrifice ?

Métamorphosée par le boom immobilier, la Place du 30 juin suscite une curiosité surtout pour ceux qui revenaient dans la capitale après plusieurs années d'absence à l'exemple des expulsés de Brazzaville.

Chargés de colis, ils ne cessaient de tourner et se retourner pour contempler. Ils montèrent par la portière arrière du bus car celle de devant étant réservée à la descente.

Le bus contourna et pris la direction de la route Poids Lourds, appelée autrefois « Des inflammables », impeccablement réhabilitée par le gouvernement nippon, fruit de la coopération bilatérale.

Des passagers déjà à bord, certains assis et d'autres debout, mains accrochées aux sangles de sécurité, se retournèrent pour les regarder.

Sur leurs visages se lisait l'étonnement de voir que depuis plus d'un mois, le flux des « expulsés de Brazzaville » ne discontinuait de se déverser.

— Oui, les « Expulsés de Brazzaville », appelés encore « Zaïrois » sur l'autre berge, allusion faite à « Zaïre », l'ancienne appellation du Congo actuel.

Au fait, baptiser, rebaptiser et débaptiser le pays n'obéissait à aucune réglementation.

Du reste, les rues et les grands édifices, point n'est besoin de s'en plaindre, ils en souffriraient encore pour longtemps, sinon très longtemps tant que l'humeur, l'émotion, l'amitié et le clientélisme s'érigeaient en règles administratives.

En effet, les expulsés, c'était eux, l'actualité du moment qui atomisait tout, faisait couler abondamment encre et salive.

Toujours eux, l'objet de toutes les conversations chaque jour en famille, à bord de taxis, au marché, au cours de sermon à l'église.

Encore eux, sujet de discussion et de disputes entre « parlementaires débout » qui avaient déjà, au cours de leurs plénières, précédé l'officiel par des décisions aussi gravissimes.

Ils ont voté à l'unanimité : rupture immédiate des relations diplomatiques avec Brazzaville, coupure immédiate de la ligne d'électricité qui traverse le fleuve et arrêt immédiat de trafic sur le fleuve.

Avant de prendre ces décisions informelles mais, à impact réel sur la mémoire collective, ils ont évoqué non sans nostalgie, deux exemples éloquents qui démontraient qu'on ne pouvait pas impunément s'attaquer au grand Congo sans en subir les conséquences en retour.

Lorsque Brazzaville osa une fois lever le ton, les rangers du maréchal, formés à West Point, au State, firent éclater nuitamment en mille morceaux, dans une opération commando, un grand phare de l'autre rive, qui balayait outrageusement le fleuve de son puissant faisceau lumineux.

Le président de la révolution du pardon n'hésita pas de faire atterrir sans préavis, sur la berge droite des obus pour exprimer sa colère et surtout, mettre en garde Brazzaville.

Sur le petit écran, à la radio, des débats houleux sur ces expulsions sans aucun respect de dignité humaine, défrayées la chronique.

Certains acteurs politiques comme ceux de la société civile en venaient aux mêmes options que le parlement débout, d'autres prônaient la voie diplomatique comme l'excellence.

Certes, l'excellence diplomatique, pleine de ruse. Cet art de négocier en toute courtoisie avec celui qui vous a fait du mal, en acceptant parfois l'intolérable, l'inacceptable, le pire, au nom de la paix et la sécurité.

Et pourtant, ces valeurs universelles drapées d'honneur, nimbées d'auréole voguent tranquillement, sans état d'âme sur des rivières des larmes, se couchent impitoyablement sur des douleurs, des meurtrissures, des milliards des cadavres.

La radio à bord passait un flash d'information évaluant déjà à plus de soixante mille expulsés dont certains étaient provisoirement hébergés au stade cardinal Malula.

On ne sait jamais si le provisoire sans strict terme ne pourrait devenir le définitif. Cela faisait partie des ornières politiques au Congo.

Mon attention fut attirée par une jeune dame fragile debout qui portait son bébé.

Tout de suite, je lui ai cédé mon siège et me mis débout à côté d'autres refoulés dont un jeune adolescent apparemment très soucieux.

« Leki, osepeli te kozonga Kisasa », mettais-je adressé à lui en lingala pour dire, jeune frère, n'es-tu pas content de rentrer à Kinshasa ?

Nzuzi, ainsi s'appelait-il, m'avait d'abord remercié de mon geste de toute à l'heure en faveur de sa sœur aînée, expulsée après lui.

Elle n'était pas seulement fatiguée de long voyage émaillé de tortures depuis Pointe-Noire mais aussi, elle était durement et doublement éprouvée.

Le décès de sa fille de treize ans, victime de viol consécutif perpétré par des voyous armés ainsi que la disparition de son mari dans le village Mouyondzi.

Cette dernière contrée était très mal réputée dans le trafic des os humains appelé « Monzula ». Toutes les recherches entreprises pour le retrouver étaient restées vaines jusque là.

Ainsi frappée de ce double malheur, celle-ci n'avait que sa peau sur les os, sans énergie nécessaire pour bercer sa fillette ni l'allaiter convenablement.

Nzuzi l'accompagnait dans sa belle famille à Kimbanseke et après, lui-même devait rentrer au stade Cardinal Malula parce que n'ayant plus d'amis ni de famille à Kinshasa pour le prendre en charge.

Il fut parmi les premiers à avoir traversé volontairement vu les exactions policières à outrance.

Il avait séjourné légalement plus de dix ans à Brazzaville où il a exercé tous les petits métiers parce qu'étant sans aucune qualification professionnelle.

Il fut tour à tour, cireur, vendeur à la criée d'eau en sachet, porteur, pousse-pousseur, maçon et charpentier.

Ces deux derniers métiers lui ont été appris par les chinois dans les chantiers de construction à Poto Poto, l'un des arrondissements réputé de cette capitale.

Lorsque l'opération d'expulsion était déclenchée, les constructeurs chinois qui avaient une main d'œuvres composée en majorité des sujets venus de la rive gauche, exprimaient la crainte de voir les travaux connaître un retard préjudiciable ou carrément s'arrêter.

Les chinois appréciaient beaucoup l'aptitude des zaïrois contrairement à la main d'œuvre locale, non seulement rare mais qui dédaignait exercer les petits métiers, disait-il.

Le bus avait du mal à évoluer rapidement au niveau du carrefour Baramoto, du nom d'un ancien officier militaire du parti-état.

Ce fut un embouteillage créé bêtement, par l'incompréhension et le manque de courtoise routière entre les conducteurs des véhicules poids lourds et les autres catégories des transporteurs.

Les passagers à bord du bus se mirent à fustiger le comportement incivique qui caractérise en majorité les conducteurs kinois. Seules et uniquement des méthodes fortes nécessitaient d'être employées pour en venir à bout, sinon, rien ne changerait, juraient-ils.

Au bout du compte, ils ont eu à reprocher l'Hôtel de ville d'un manque criant de sérieux dans le suivi et le contrôle de ses décisions, ajouter à cela, le clientélisme ahurissant dans lequel se délivrait un permis de conduire.

Après plus d'un quart d'heure d'immobilisme, les policiers de circulation en vinrent décidemment à une option finale, les coups de gourdins pour dégager les deux bandes retour vers N'djili occupées littéralement par les conducteurs récalcitrants en direction de la Gombe.

Ce spectacle quel que peu étrange mais récurrent, des coups de gueule ponctués d'insultes entre les conducteurs et les agents de circulation fut pour Nzuzi un moment de se tordre les côtes de rire.

Apparemment, ce rire eut un effet thérapeutique sur lui car son visage devint enthousiaste et illuminé. Rire c'est savoir vivre, dirait-on...

Il reprit alors la relation de son récit sur ses maîtres et contremaîtres chinois qui n'étaient pas pour l'expulsion d'ouvriers en situation régulière, pas irrégulière comme lorsqu'un charter ramenait en Afrique des clandestins.

Par deux fois, témoignait-il, la police était passée sur le chantier pour réquisitionner tous les ouvriers zaïrois afin de les éconduire mais, les chinois les avaient placés dans une planque au sous-sol de l'immeuble en construction.

Réalisant que la police finirait par les arrêter, ils résilièrent le contrat néanmoins, ils prirent soin de délivrer à chacun une carte de service écrite dans leur langue en spécifiant le métier exercé.

Heureusement pour lui car, une fois à Kinshasa, il a tenté de présenter cette pièce à l'un des chinois qui travaillait dans un chantier à Limeté et tout de suite, après lecture, il lui tendit la truelle. Après toute une journée de travail, il fut étonné de décrocher un contrat à durée déterminée.

Son silence fut rompu par la voix d'une dame bien charnue, elle aussi refoulée, qui s'était mise à raconter les abus et exactions des policiers de l'autre rive.

Ils les avaient mis trois jours en garde à vue avec privation et au troisième, les effets de déshydratation se firent sentir avec gravité : gorge sèche, faiblesse et vertiges au point que tous se mirent à crier avec la dernière énergie.

Ils réclamaient l'eau et demandaient d'être mis sur un bateau pour Kinshasa plutôt que mourir de faim et de soif dans cet enfer.

Décidés de se débarrasser définitivement d'eux, les gardiens leur apportèrent de l'eau infeste et mal odorante dans des bouteilles plastiques et tous eurent après, des terribles maux de ventre.

Deux jeunes gens, les plus fragiles parmi eux s'étaient évanouis. Un véhicule les achemina avec d'autres à l'hôpital, selon leurs gardiens mais, l'histoire se sut après qu'ils ont été conduits à la morgue.

Là, le préposé à la morgue accepta difficilement de prendre la responsabilité mais exigea que le constat du décès de chaque corps soit fait en présence de tous.

Ce fut alors une surprise de goût amer qu'on découvrît que les deux jeunes avaient seulement perdu connaissance mais, n'étaient pas morts comme le prétendaient les policiers.

— Des assassins ! Des criminels ! Bandoki (sorciers) ! crièrent tous les passagers à bord suivi de commentaires dans tous les sens.

— La source de tous les malheurs, c'est sont les sans papiers, pour la plupart des délinquants sans aucun respect des lois du pays d'accueil, s'indignait un autre jeune expulsé.

Il a mis également au banc des accusés, la police de migration qui laisse passer les clandestins, le jour comme la nuit, moyennant un pot de vin.

— Fiston, tu as parfaitement raison, répliqua un adulte arborant un crâne bien rasé avec effet miroir amplifié par la lumière, tout en essayant sagement d'équilibrer davantage les opinions des uns et des autres.

— Toutes les frontières de notre pays étant une porte d'entrée ou de sortie de nos amis tout comme de nos ennemis, leur sécurité et leur insécurité dépendent des services qui les assument, fit-il remarquer.

Le silence qui s'en était suivi fut troublé par un cri d'indignation des passagers durement secoués.

Certains, ont failli être projetés par un coup de frein brusque du bus, n'étaient les sangles et la barre de sécurité.

Encore un fou au volant, conducteur d'un camion remorque en vitesse, qui s'était arrêté brusquement sans feu de position au carrefour de la 14è rue.

Il s'était rendu compte en retard que l'agent de circulation avait donné le passage aux nombreux véhicules qui venaient de l'aéroport de N'djili vers le boulevard Lumumba via 14è rue.

Le bus s'ébranla quelques instants après et dépassait la concession de l'Office National de Café dont l'état de vétusté renvoyait tristement à l'époque de pillages. Il était 19 h 55.

J'en profitai entre la 17è et la 18è rues pour relancer l'entretien avec Nzuzi qui apparemment, admirait la belle vue qu'offrait le viaduc du Pont Matete ainsi que le nouveau paysage du passage à niveau.

Un mélange admirable d'esthétique architecturale belge et sino-nippon.

Il finit par s'extasier de cette métamorphose et dit : « je n'ai plus aucune envie de rentrer de l'autre côté ».

Cependant, faisant exception de lui, Nzuzi s'est mis à dépeindre un tableau sombre des conditions dans lesquelles vivaient les expulsés au stade.

Un environnement instamment exposé aux maladies des mains sales telles que le choléra, la dysenterie…. Sans latrines adéquates, obligeant les femmes, malgré elles, à prendre indécemment leur douche à ciel ouvert entre 2 h et 4 h du matin.

Pour survivre, les expulsés quémandent à tout passant. En deçà des réfugiés, ils vivent comme des apatrides, abandonnés à leur triste sort, et pourtant, ils sont sur le sol de leurs ancêtres. Pour combien de temps cela durerait… ne cherchait pas à le savoir.

Apatrides, avais-je renchéri ces propos, c'est aussi ces employés sous payés, travaillant des heures d'affilée la nuit dans les entreprises privées pour expatriés où ils sont révoqués, sans préavis ni décompte final, au mépris du code de travail.

Il n'était pas étonnant d'entendre sur le site d'hébergement, d'autres expulsés émettre ardemment le souhait de rentrer sur la berge droite quand l'ordre et le calme seraient revenus.

Il était vingt heures passées lorsque le bus s'était arrêté au niveau des eucalyptus, arrêt quartier un.

Plusieurs passagers descendirent ainsi que Nzuzi et sa sœur afin de prendre un bus ou un taxis-bus correspondant vers Kimbanseke, la commune la plus peuplée de Kinshasa et du pays.

Des sièges restèrent disponibles et de plus en plus lorsque le bus stationna à l'arrêt du Marché de la liberté.

Ici, les feux de signalisation et les passages protégés ont une toute autre signification, à vrai dire, c'est le contraire de ce qui se passait ailleurs, un monde à part.

Lorsque le feu vert s'allume pour les piétons, les conducteurs des taxis-bus appelés « Esprit de mort » grillent le rouge au vu et au su des agents à casque tricolore.

Il n'est pas étonnant de voir une foule des piétons traverser le boulevard Lumumba au moment où le feu vert s'allumait pour donner passage aux véhicules.

Arrivés au terminus, je descendis à mon tour ainsi que les derniers expulsés aidés par certains passagers qui ne cessaient de parler à ce sujet avec rancœur.

TABLE DES MATIÈRES